L'EXPIATION

VOTRE RENDEZ-VOUS AVEC DIEU

DEREK PRINCE

ISBN 978-1-78263-080-7
Originally published in English under the title "Atonement, your appointment with God".
French translation published by permission of Derek Prince Ministries International USA, P.O. Box 19501, Charlotte, North Carolina 28219-9501, USA.

Traduit par Florence Boyer

Sauf autre indication, les citations bibliques de cette publication sont tirées de la traduction Louis Segond "Nouvelle Edition".
Publié par Derek Prince Ministries France, année 2001.
Dépôt légal: 4e trimestre 2001.

Couverture faite par OPTIMA/CREA PUB, Château-Thierry, tél. 03 23 83 32 50.
Imprimé en France

Pour tout renseignement,et pour obtenir un catalogue de tous les livres et toutes les cassettes de Derek Prince disponibles, merci de contacter⁺

DEREK PRINCE MINISTRIES FRANCE
9, Route d'Oupia, B.P.31, 34210 Olonzac FRANCE
tél. (33) 04 68 91 38 72 fax (33) 04 68 91 38 63
E-mail info@derekprince.fr * www.derekprince.fr

Sommaire

Introduction

INTRODUCTION

Je suis resté alité pendant un an dans des hôpitaux militaires en Egypte à cause d'une maladie pour laquelle les médecins n'avaient aucun remède. J'étais dans ce que John Bunyan appelle, dans "Le voyage du pèlerin", le bourbier du découragement, seul dans la sombre vallée du désespoir. Je n'avais pas d'issue.

C'est alors que, sans l'avoir recherchée, j'ai reçu la visite d'un étrange trio: un capitaine de l'Armée du Salut d'environ soixante-dix ans, un soldat de Nouvelle-Zélande et une jeune femme de l'Oklahoma. L'infirmière m'a autorisé à aller m'asseoir avec eux dans leur voiture qui se trouvait sur le parking.

Alors que nous étions en train de prier ensemble dans le véhicule, Dieu a manifesté sa présence d'une façon extraordinaire et surnaturelle. La voiture était immobile et le moteur à l'arrêt, et la puissance de Dieu a commencé à faire trembler tout le véhicule ainsi que ses quatre occupants. Tandis que le tremblement continuait, Dieu a parlé par la bouche de la jeune femme de l'Oklahoma. Après avoir déclaré qu'il était le Dieu tout-puissant, il a murmuré les mots d'instruction suivants: "Considère l'œuvre au Calvaire; une œuvre parfaite, parfaite à tous égards, parfaite sous tous ses aspects."

Je suis ressorti de la voiture aussi malade qu'en y entrant, mais j'ai réalisé que Dieu me dirigeait vers une source d'où je pourrais recevoir tout ce qu'il a prévu, "l'œuvre du Calvaire". J'ai compris que cela désignait le sacrifice de Jésus sur la croix.

En méditant cela et en allant dans la direction que le Seigneur m'avait indiquée à travers sa parole, j'ai reçu une guérison totale et permanente.

Mais ce n'était que la première partie des bénédictions que j'allais recevoir. Cela fait maintenant presque soixante ans depuis ce jour que je continue à suivre l'instruction que le Seigneur m'a donnée lors de ce tremblement spectaculaire de la voiture, à savoir "considérer l'œuvre du Calvaire". J'ai découvert que Dieu avait mis mes pieds dans le sentier qui conduit aux "richesses incompréhensibles de Christ" et au "mystère caché de tout temps en Dieu qui a créé toutes choses par Jésus-Christ" (Ephésiens 3:8-9).

Dans ce livre, je partage l'étonnante étendue de la provision de Dieu à travers la croix de Jésus pour chaque besoin qui peut se présenter dans la vie d'un être humain. L'essence de ma découverte était celle-ci: sur la croix, un échange divinement ordonné a eu lieu dans lequel tout le mal, qui nous était dû à cause de notre péché, est venu sur Jésus afin qu'en retour tout le bien, qui lui revenait à cause de sa justice sans tache, puisse nous être accordé.

Cet ouvrage est divisé en quatre parties principales:

1.   La croix au centre
2.   Les neuf échanges
3.   Cinq aspects de la délivrance
3.   Comment s'approprier ce que Dieu a prévu

Rejoignez-moi dans cet étonnant voyage!

Derek Prince

PREMIÈRE PARTIE

LA CROIX AU CENTRE

CHAPITRE UN

UN SACRIFICE QUI POURVOIT À TOUT

Tout au long de cet ouvrage, nous retrouvons un terme unique qui est l'**expiation**. Ce mot est relativement rare en français contemporain. En fait, beaucoup de francophones ne savent même pas ce qu'il signifie. Ce terme veut dire que Dieu et le pécheur arrivent vraiment à une relation dans laquelle ils sont un. Nous pourrions employer aujourd'hui le mot plus courant de **réconciliation**. A travers la croix, Dieu et le pécheur sont **réconciliés**.

Il existe une grande différence entre le terme traduit "expiation" dans l'hébreu de l'Ancien Testament et celui traduit dans le grec du Nouveau Testament

En hébreu, le mot est "kippur" et signifie "couvrir". "Le jour de l'expiation" était un jour où l'on couvrait les fautes. Grâce aux sacrifices offerts ce jour-là, les péchés du peuple étaient couverts, mais seulement pour un an; l'année suivante, à la même époque, les péchés devaient de nouveau être couverts. Les sacrifices offerts ce jour-là n'apportaient pas de solution permanente au problème du péché, mais ils les couvraient temporairement. A chaque jour de l'expiation, ils étaient couverts pour un an de plus.

Le concept de l'expiation est totalement différent dans le Nouveau Testament. Nous le voyons en comparant deux passages de l'épître aux Hébreux – c'est le livre traitant plus que tous les autres de Jésus, notre grand prêtre, et du sacrifice qu'il a accompli pour nous.

Tout d'abord, Hébreux 10:3-4 parle des sacrifices de l'Ancien Testament: "Mais le souvenir du péché est renouvelé chaque année par ces sacrifices." Loin d'ôter le péché, ces sacrifices rappelaient au peuple le problème du péché. "Car il est impossible, poursuite l'auteur, que le sang des taureaux et des boucs ôte le péché." Le sujet central ici, c'est d'**ôter** les péchés, et pas simplement de les couvrir.

Ensuite, dans Hébreux 9:26, l'auteur parle de ce qui a été accompli par la mort de Jésus en opposition directe avec les sacrifices de l'Ancien Testament. Dans la seconde partie du verset, en parlant de Jésus, l'auteur dit: "... tandis que, maintenant, à la fin des siècles, il a paru une seule fois pour abolir le péché par son sacrifice."

Lorsque Jésus est venu et qu'il s'est offert lui-même en sacrifice sur la croix, il a **ôté** le péché. Cette action s'oppose aux sacrifices de l'Ancien Testament qui ne faisaient que rappeler au peuple le fait qu'il n'avait pas réglé le problème du péché et qu'il était couvert pour seulement un an de plus.

Quand Jean-Baptiste a présenté Jésus dans Jean 1:29, il a dit: "Voici l'Agneau de Dieu qui ôte le péché du monde." Remarquez une fois encore combien cela est différent de l'Ancien Testament. **Jésus a ôté le péché.** C'est pour cela que, pour tous ceux qui ont accepté son sacrifice, il n'est plus utile de présenter un sacrifice pour le péché.

Ce que la Bible dit au sujet de notre problème

Avant que je devienne prédicateur (c'était il y a longtemps!), j'étais professeur de philosophie à l'université de Cambridge, en Angleterre. J'ai un jour décidé, en tant que philosophe, d'étudier la Bible. Je considérais que c'était là mon devoir de philosophe. Une fois que je l'aurais lue, je serai en mesure, pensais-je, de donner une opinion autorisée. Tandis que j'étudiais la Bible, j'ai rencontré le Seigneur d'une façon personnelle et puissante. Depuis lors, il y a deux choses dont je n'ai plus jamais douté: d'abord que Jésus est vivant, ensuite que la Bible est vraie, digne de confiance et actuelle.

Quand j'en suis venu à apprécier la Bible, j'ai compris que ce qu'elle offrait ne se trouvait dans aucun ouvrage de sagesse humaine ou de littérature. Elle révèle en particulier deux faits très importants qui sont le diagnostic du problème de l'homme et son remède.

Le diagnostic: le péché

Dans le domaine de la médecine, si un médecin ne peut pas faire le diagnostic d'une maladie, il ne peut pas non plus proposer de remède. Le diagnostic du problème de l'homme est donc de la plus haute importance. Celui de la Bible est contenu dans un seul petit mot, à savoir le **péché**. Autant que je sache, aucun autre livre dans le monde, sauf ceux issus de la Bible, ne diagnostique le problème du péché. Aucun philosophe n'est jamais arrivé à un tel diagnostic. C'est unique dans la Bible. Si nous n'avions rien reçu d'autre de la Bible, nous serions éternellement reconnaissants pour le diagnostic du problème de l'homme. Grâce à Dieu, la Bible ne nous donne pas simplement le diagnostic, elle nous révèle également le remède, qui est l'**expiation**.

Dans ce livre, nous allons considérer le problème de fond de l'humanité, c'est-à-dire le **péché**. Ce n'est pas seulement le problème fondamental de l'humanité en général, c'est également celui de chacun d'entre nous individuellement, que nous le reconnaissions ou non. Nous pouvons lui donner différents noms. Certaines pseudosciences dans le monde actuel lui donnent des noms compliqués et fantaisistes, mais la racine du mal demeure la même: le péché. Une personne est incapable de traiter efficacement ses problèmes tant qu'elle n'a pas affronté la réalité de la racine du problème dans sa vie: le péché. Sa définition dans la Bible nous est donnée dans Romains 3:23: "Car tous ont péché et sont privés de la gloire de Dieu." L'essence du péché est plus négative que positive. Le péché, ce n'est pas nécessairement commettre quelque crime terrible; c'est ne pas donner à Dieu la place qui lui revient de droit dans notre vie, en menant une vie qui prive Dieu de la gloire que toutes ses créatures doivent lui accorder.

Une fois que nous envisageons ainsi la condition humaine, nous devons reconnaître que ce que Paul dit est vrai, à savoir que nous avons tous péché et que nous sommes tous privés de la gloire de Dieu.

Le remède: la croix

Grâce à Dieu, la Bible ne fait pas que diagnostiquer notre péché, elle nous donne aussi le remède parfait de Dieu qui est la croix.

Lorsque je parle de la croix, je ne fais pas référence à un morceau de bois ou de métal que les gens mettent autour de leur cou ou suspendent au mur d'une église, bien que je n'aie rien contre ces choses. Lorsque je la cite, je parle du sacrifice que Jésus a fait pour nous. La majorité des chrétiens ne réalise probablement pas pleinement que ce qui a eu lieu à la croix était un sacrifice. Pour étayer cela, nous allons lire trois passages dans l'épître aux Hébreux, qui soulignent tous le caractère sacrificiel de la croix.

Dans Hébreux 7:27, en parlant de Jésus et en montrant la différence avec les prêtres de l'Ancien Testament, l'auteur dit: "… qui n'a pas besoin, comme les souverains sacrificateurs, d'offrir chaque jour des sacrifices d'abord pour ses propres péchés, ensuite pour ceux du peuple, car cela il l'a fait une fois pour toutes en s'offrant lui-même."

Le mot "offrir" se réfère à ce que le prêtre faisait lorsqu'il procédait au sacrifice. Mais, sur la croix, Jésus s'est offert lui-même, c'est-à-dire qu'il était à la fois le prêtre et le sacrifice. En tant que prêtre, il offrait le sacrifice, et il était lui-même ce sacrifice, la victime; il s'est offert lui-même. Seul un prêtre était assez bon pour faire cette offrande, et seule une offrande était acceptable devant Dieu.

Dans Hébreux 9:13-14, nous voyons un contraste avec l'Ancien Testament: "Car si le sang des taureaux et des boucs, et la cendre d'une vache, répandue sur ceux qui sont souillés, sanctifient et procurent la pureté de la chair, combien plus le sang de Christ, qui, par l'Esprit éternel, s'est offert lui-même sans tache à Dieu, purifiera-t-il votre conscience des œuvres mortes afin que vous serviez le Dieu vivant!"

Remarquez que Jésus "**par l'Esprit éternel** s'est offert lui-même sans tache à Dieu". Cela fait référence au Saint-Esprit dont la participation au sacrifice était essentielle. En fait, nous avons découvert qu'à chaque étape importante du processus de la rédemption, chaque personne de la divinité était directement impliquée. Son engagement dans chaque phase successive peut être énoncé ainsi:

1. **L'incarnation:** Le Père a incarné le Fils dans le ventre de Marie par le Saint-Esprit (voir Luc 1:35).
2. **Le baptême dans le Jourdain:** L'Esprit est descendu sur le Fils et le Père a montré son approbation du ciel (voir Matthieu 3:14-17).
3. **Le ministère public:** Le Père a oint le Fils de l'Esprit (voir Actes 10:38).
4. **La crucifixion:** Jésus s'est offert lui-même au Père par l'Esprit (voir Hébreux 9:14).
5. **La résurrection:** Le Père a ressuscité le Fils par l'Esprit (voir Actes 2:32, Romains 1:4).
6. **La Pentecôte:** Le Fils a reçu du Père l'Esprit qui s'est ensuite répandu sur les disciples (voir Actes 2:33).

Chaque personne de la divinité – et je dis cela avec révérence – était jalouse de participer au processus de rédemption de l'humanité.

Mais revenons à la croix avec Jésus, une fois encore en tant que prêtre et victime. Le Fils s'est offert au Père par l'Esprit éternel sans tache ni ride. Il était totalement pur – la seule offrande acceptable –, parce qu'il était le seul sans péché.

Remettre la croix au centre

Le mot "éternel" décrit quelque chose qui transcende les limites du temps. Ce qui s'est passé sur la croix est un acte historique, et sa signification transcende le temps. Par ce sacrifice, Jésus a pris sur lui les péchés de tous les peuples dans tous les siècles – passé, présent et à venir. Nos esprits humains limités ont du mal à comprendre tout ce qui a été accompli à travers ce sacrifice. Votre péché et mon péché, de même que les péchés de tous ceux qui ont déjà vécu et de tous ceux qui ne sont pas encore nés, sont venus sur Jésus par l'Esprit éternel. Il a pris la totalité du péché de toute l'espèce humaine sur lui.

Il est très important que nous comprenions cela et que nous remettions la croix à sa juste place dans nos pensées en tant que chrétiens. Il y a quelques années, un collègue chrétien et moi étions à Singapour. Au cours de la conversation, il a fait cette remarque: "L'Eglise a tellement d'articles dans sa vitrine, que l'on ne voit plus la croix."

J'ai réalisé que mon ami avait mis le doigt sur l'un des défauts les plus importants de l'Eglise contemporaine. Aujourd'hui, vous pouvez aller dans une librairie chrétienne et trouver des livres sur pratiquement tous les sujets – du style "Comment vivre mieux en couple", "Comment élever ses enfants en Dieu", "Comment comprendre votre personnalité" ou "Comment mieux gérer sa maison". Il n'y a quasiment pas de limite! Beaucoup de ces ouvrages sont profitables, mais aucun ne sera efficace sans la croix. Cette dernière est la seule source de grâce et de puissance pour que tous les autres conseils soient efficaces. Il est temps pour l'Eglise de remettre la croix au centre de sa vitrine.

Dieu a dit aux Israélites, avant qu'ils entrent dans la Terre promise, que lorsqu'ils construiraient un autel, ils ne devraient mettre aucun objet autour.

Dans Exode 20:24-25, Dieu leur donne des instructions spécifiques sur le genre d'autel sur lequel ils pouvaient offrir leurs sacrifices: "Tu m'élèveras un autel de terre [...] Si tu m'élèves un autel de pierre, tu ne le bâtiras pas en pierres taillées; car en passant ton ciseau sur la pierre, tu la profanerais."

Leur autel ne devait être fait que de matériaux bruts, non modifiés par l'homme, c'est-à-dire de terre ou de pierre non taillée. Tout ce qui aurait pu être ajouté par des mains humaines l'aurait profané.

Plus loin, dans Deutéronome 16:21, le Seigneur avertit son peuple: "Tu ne fixeras aucune idole de bois à côté de l'autel que tu élèveras à l'Eternel, ton Dieu."

Il ne devait rien y avoir qui détourne l'attention des Israélites de l'autel sur lequel ils devaient offrir des sacrifices. Il n'y avait pas de place pour l'art humain, ou l'ingéniosité, qui aurait pu détourner l'attention de la simplicité brute et nue de l'autel.

C'est une leçon pour nous également. Nous ne devons pas entourer la croix de choses inutiles, nous ne devons rien mettre sur elle ou devant elle quelque chose qui pourrait l'obscurcir de quelque manière. La croix est austère, tout comme la crucifixion de Jésus a été une scène horrible et austère.

Je doute qu'aucun artiste humain n'ait jamais dépeint de façon appropriée ce qui a eu lieu lorsque Jésus est mort sur la croix. S'il y avait réussi, nous devrions détourner les yeux. Pourtant, la croix est au centre de notre foi, unique dans la chrétienté. Aucun autre système religieux – ni l'islam, ni le bouddhisme, ni l'hindouisme, ni aucune des nombreuses sectes – ne possède quelque chose qui corresponde, même de loin, à la croix.

De plus, la croix ancre la foi chrétienne dans l'histoire. Mahomet, par contraste, a reçu sa révélation dans une grotte non identifiée, détaché de tout contexte particulier ou de séries d'événements. En général, les philosophes spéculent pour leur part dans l'abstrait. Mais le message de la croix est relié à un événement particulier de l'histoire humaine. Cela s'est passé ou non. C'est soit vrai soit faux. Il n'y a pas de troisième possibilité. Si c'est la vérité, alors c'est l'événement le plus important de toute l'histoire humaine.

Lorsque, il y a plusieurs années de cela, j'ai été confronté aux faits essentiels de l'Evangile, et que j'ai découvert que Jésus est vivant au vingtième siècle, j'en ai conclu que le fait qu'un homme meurt, ressuscite et soit toujours en vie aujourd'hui est le fait le plus important de l'histoire humaine. Rien ne peut se comparer à cela.

Si nous ne donnons pas à la croix sa juste place au centre de nos vies, notre foi perd sa signification et sa puissance. Nous en arrivons soit à une liste anodine de généralités morales, soit à une ligne de conduite que nous ne pouvons atteindre. Personne ne peut vivre le sermon sur la montagne sans la puissance de la croix dans sa vie.

J'ai prié pendant des années pour que Dieu permette à l'Eglise de redonner à la croix sa véritable place. J'espère que cette étude sur l'expiation et sur l'échange divin qui en résulte fera partie de la réponse à cette prière.

Quelles sont les implications de la croix?

Faisons une application personnelle. Dans 1 Corinthiens 1:23, Paul dit: "Nous prêchons Christ crucifié." Laissez-moi vous poser une question: Si vous êtes pasteur, prédicateur ou conseiller, ou si vous avez un ministère dans l'Eglise, prêchez-vous Jésus crucifié? Si ce n'est pas le cas, votre enseignement ou votre prédication peut sembler bonne, mais à long terme elle n'aura pas d'effet. La seule source de puissance, c'est la croix.

Paul dit encore, dans 1 Corinthiens 1:25: "Car la folie de Dieu est plus sage que les hommes, et la faiblesse de Dieu est plus forte que les hommes." La croix, c'est la folie et la faiblesse de Dieu. Qu'est-ce qui pourrait être plus fou pour Dieu que le fait de permettre que son fils soit crucifié par des pécheurs? Qu'est-ce qui pourrait être plus faible que le spectacle d'un homme pendu à une croix, le corps lacéré et sanglant, mourant dans l'angoisse? Mais la faiblesse de Dieu, dit Paul, est plus forte que les hommes. La folie de Dieu est plus sage que les hommes. La véritable source de force et de sagesse pour le chrétien se trouve dans la croix. Sans elle, nous pouvons avoir une bonne moralité, tout un tas de bonnes intentions et beaucoup de beaux sermons, mais nous n'aurons pas de résultats probants.

Considérons Hébreux 10:14: "Par une seule offrande, il a amené à la perfection pour toujours ceux qui sont sanctifiés."

Il a amené à la perfection pour toujours. L'expression "a amené à la perfection" est au passé composé. C'est seulement une fois que ce sacrifice a été offert, ce sacrifice ne sera jamais réitéré; il est parfait et rendra parfaits tous ceux qui mettront leur foi en lui. Ce que Jésus a fait, et ces effets en nous, est parfait, complet, pour toujours. Nous ne pouvons rien en enlever. Nous n'avons pas besoin de rajouter quoi que ce soit. Ce que Dieu a fait est complet, parfait, définitif. Nous n'aurons jamais besoin de le changer ou de le modifier. Mais nous nous en approprions de façon progressive. Il est important de voir cela, surtout lorsque nous soulignons la perfection du travail fait à la croix. Vous pensez peut-être: "Je n'ai pas cette sorte de perfection et de sanctification." La vérité est que personne ne l'a. J'ai étudié et enseigné sur ce sujet durant plus de cinquante ans, et je suis toujours en train d'être sanctifié. Notre sanctification est progressive; nous sommes ceux qui nous approchons progressivement de Dieu, nous séparant de plus en plus du péché et du monde, recevant de plus en plus de Dieu dans notre être. Voilà ce que la révélation de la croix fait pour nous et en nous.

Dans les chapitres qui suivent, j'aimerais traiter trois questions qui sont rarement posées:

1. Que fait la croix **pour** nous?
2. Que doit faire la croix **en** nous?
3. Comment nous approprions-nous pratiquement ce que Dieu a déjà fait pour nous à travers la croix?

Ces questions ne sont pas souvent posées, et y répondre nous amènera à un niveau plus grand de sanctification. Tout ce que Dieu a prévu est toujours libéré à travers le sacrifice de Jésus sur la croix. Essayer de trouver notre provision par un autre moyen, c'est court-circuiter la croix et c'est très dangereux. L'étude qui suit sera un peu longue et ardue, mais elle vous récompensera richement si vous persévérez.

CHAPITRE DEUX

RENDU PARFAIT POUR TOUJOURS

Dans le chapitre précédent, j'ai expliqué que la mort de Jésus sur la croix était un sacrifice, et qu'en tant que grand prêtre, il s'est offert lui-même en sacrifice à Dieu par le Saint-Esprit. Par son sacrifice, il a ôté le péché pour toujours.

J'ai également mentionné le fait que lorsque je suis venu au Seigneur, j'étais issu d'un milieu dans lequel je n'étais pas vraiment familier avec l'enseignement de l'Evangile et les vérités du salut. Le Seigneur ne m'a pas traité sur le plan intellectuel, il m'a simplement jeté dans le fond de la mare et m'a dit: "Nage!" J'ai été baptisé du Saint-Esprit avant de savoir qu'il existait un tel baptême et avant que quelqu'un ait pu me mettre en garde contre lui. Cela m'a conduit à étudier la Bible. A mon grand étonnement, j'ai découvert que celle-ci est vraie, pertinente et actuelle. En fait, j'ai dû constamment regarder à l'Ecriture pour comprendre les événements qui arrivaient dans ma vie.

Tout cela s'est déroulé alors que je servais dans l'armée britannique durant la Seconde Guerre mondiale. Peu de temps après, mon unité a été envoyée au Moyen-Orient où j'ai servi durant trois ans comme aide-soignant dans les déserts d'Egypte et de Libye. J'ai été présent avec mon unité dans la grande bataille d'El Alamein; après quoi, j'ai développé une maladie de peau, en particulier au niveau des mains et des pieds. Plusieurs médecins ont donné un nom différent à cette infection, le dernier étant toujours plus long que le précédent! Cependant, aucun des médecins n'a pu me guérir. Comme je ne pouvais plus porter de bottes, j'ai dû quitter mon unité. J'ai passé l'année suivante tout entière dans des hôpitaux militaires en Egypte. Je n'aimerais pas passer une année dans un hôpital où qu'il se trouve, et un hôpital militaire en Egypte se trouverait en dernier sur ma liste si j'avais le choix!

Semaine après semaine, j'étais alité. Je savais que j'étais sauvé. J'avais reçu le Saint-Esprit et je croyais que la Bible était vraie. J'en étais là. Je n'avais pas d'autre enseignement. Dans un sens, Dieu s'en est occupé et m'a enseigné lui-même. J'étais alité et jour après jour je me disais: "Je sais que si j'avais la foi, Dieu me guérirait." Je poursuivais: "Mais je n'ai pas la foi." Je me trouvais dans ce que John Bunyan appelle, dans "Le voyage du pèlerin", le bourbier du découragement, la sombre vallée du désespoir.

Je vous raconte cela parce que je veux que vous compreniez que la puissance de la croix, ce n'est ni simplement une théorie ni le produit de la théologie; c'est un fait solide d'expérience et cela fonctionne.

Comme je reposais là dans ma morosité, un petit livre m'est tombé entre les mains: "La guérison du ciel." Il était écrit par une femme médecin qui s'appelait Lilian Yeomans et qui, souffrant d'une maladie incurable, était devenue dépendante de la morphine. Par la foi dans le Seigneur et dans la Bible, elle a été merveilleusement délivrée. Elle a consacré le reste de sa vie à prêcher et à enseigner sur la guérison.

Dans ce livre, il y avait cette phrase – qui est en fait une citation de la Bible – qui a transformé ma vie. Elle venait de Romains 10:17: "La foi vient de ce qu'on entend et ce qu'on entend vient de la parole de Christ."

En lisant cette affirmation, un rayon de lumière a traversé ma morosité. J'ai remarqué deux mots: la **foi vient**. Si vous n'avez pas la foi, vous pouvez l'obtenir. Comment? **En écoutant.** En écoutant quoi? En écoutant ce que Dieu dit dans sa parole.

J'ai décidé que j'allais écouter ce que Dieu disait. Je me suis alors armé d'un stylo bleu et j'ai lu toute la Bible en soulignant tout ce qui était relatif aux quatre thèmes suivants: la guérison, la santé, la force physique et une longue vie. Il m'a fallu plusieurs mois pour faire cela mais, après tout, je n'avais rien d'autre à faire! Lorsque j'ai eu terminé, savez-vous ce que j'avais? J'avais une Bible bleue! L'Ecriture m'a convaincu que Dieu a pourvu à la guérison à travers le sacrifice de Jésus-Christ.

Cependant, pratiquement, je ne savais pas comment la mener à bien.

Un mot de direction

Finalement, j'ai été transféré dans un hôpital à Alballah, sur le canal de Suez. Là, j'ai rencontré une femme hors du commun qui venait du Caire. Madame Ross, capitaine de l'Armée du Salut, avait pris le grade de son mari à sa mort, selon la coutume de l'Armée du Salut. Madame Ross était encore plus étonnante, parce qu'elle parlait en langues et il n'y en avait pas beaucoup dans l'Armée du Salut dans les années quarante. Elle était aussi militante sur ce qu'elle croyait – le parler en langues et la guérison divine – que les salutistes le sont sur le salut. Madame Ross avait eu la malaria, maladie incurable vingt ans auparavant, alors qu'elle était missionnaire en Inde. Elle s'était confiée dans la Bible et en avait été complètement guérie; elle n'avait plus jamais repris aucun médicament depuis lors.

Ayant entendu parler d'un soldat chrétien qui avait besoin d'une guérison, Madame Ross a entamé un voyage plutôt difficile pour venir me visiter. Elle a obtenu une petite voiture au Caire et elle a persuadé un soldat néo-zélandais de conduire. Avec eux voyageait aussi une collègue de travail, une jeune femme de l'Oklahoma; ils sont arrivés à l'hôpital et Madame Ross s'est présentée dans la salle dans son uniforme de l'Armée du Salut, couvre-chef et cape compris, ce qui a impressionné l'infirmière et m'a permis de sortir, d'aller dans la voiture et de prier avec eux. Et tout cela sans même me consulter!

Je me suis retrouvé à l'arrière de cette petite voiture, derrière Madame Ross et le soldat, et à côté de la sœur qui a commencé à parler en langues avec force et facilité; la puissance de Dieu est descendue sur elle et elle s'est mise à trembler physiquement, et je me suis mis à trembler moi aussi. Et tout le monde dans la voiture s'est mis à trembler. En fin de compte, c'est la voiture elle-même qui s'y est mise, bien que le moteur fût éteint; elle vibrait comme si elle vrombissait à quatre-vingts kilomètres à l'heure sur une route accidentée. Quelque part, je savais que Dieu faisait cela pour mon bien.

Puis la femme de l'Oklahoma m'a donné l'interprétation de la prière en langue en anglais. Si vous mettez un professeur de philosophie anglais – qui a étudié Shakespeare et qui apprécie l'anglais élisabéthain et la Bible King James – à côté d'une jeune femme de l'Oklahoma, vous allez avoir un conflit au niveau de la culture et du langage. J'ai donc été étonné que l'interprétation se fasse dans le plus parfait anglais élisabéthain. Je ne me souviens pas de tout ce qui a été dit, mais un certain passage est aussi frais dans ma mémoire qu'en 1943: "Considère l'œuvre du calvaire; une œuvre parfaite, parfaite dans tous ses aspects, parfaite à tous égards."

Vous serez d'accord pour dire que c'est de l'anglais élégant. Je l'ai tout de suite apprécié, en particulier à cause de mon bagage en grec. Les derniers mots de Jésus sur la croix ont été: "Tout est accompli." Ces paroles apparaissent dans le grec original du Nouveau Testament par un seul mot qui est "tetelestai". Ce terme, qui se trouve au présent, signifie "faire quelque chose parfaitement". Vous pourriez le traduire par "parfaitement parfait" ou "complètement complet".

Par la jeune femme de l'Oklahoma, le Seigneur me parlait d'une œuvre parfaite, parfaite dans tous ses aspects, parfaite à tous égards, "tetelestai". J'étais impressionné, parce que je savais que le Saint-Esprit donnait cette parole pour moi; Dieu avait parlé.

Je suis sorti de la voiture avec la même maladie de peau. Rien ne s'était passé physiquement, mais j'avais reçu une parole de direction du Seigneur. Ce que Jésus a fait pour moi à la croix contient tout ce dont je pourrais avoir besoin pour ce temps et pour l'éternité – physiquement, spirituellement, matériellement, émotionnellement.

Prendre la parole de Dieu comme un remède

L'œuvre de la croix est "parfaite dans tous ses aspects, parfaite à tous égards". Peu importe de quel point de vue vous regardez la croix. Elle est parfaite; rien n'a été omis. "Il nous a donné tout ce qui contribue à la vie et à la piété" (2 Pierre 1:3), et cela couvre tout! Tout est pourvu dans la mort de Jésus en sacrifice sur la croix. Tout ce dont vous pourrez avoir besoin, dans ce siècle ou dans l'éternité, que ce soit physiquement, spirituellement, financièrement, matériellement, émotionnellement ou relationnellement, a été pourvu par cet unique sacrifice. "Il a amené à la perfection pour toujours ceux qui sont sanctifiés." (Hébreux 10:14) Remarquez encore une fois l'expression "a amené à la perfection".

Alors j'ai voulu comprendre ce que Dieu avait fait pour moi à travers Jésus sur la croix. J'ai commencé à me rendre compte que, sur la croix, Jésus avait non seulement porté mes péchés, mais également mes maladies et mes souffrances afin que, par ses meurtrissures, je sois guéri. Le message d'Esaïe 53:4-5 était incontournable:

"Cependant, il a porté nos souffrances (littéralement nos maladies), il s'est chargé de nos douleurs; et nous l'avons considéré comme puni, frappé de Dieu, et humilié. Mais il était blessé pour nos péchés, brisé pour nos iniquités; le châtiment qui nous donne la paix est tombé sur lui, et c'est par ses meurtrissures (ou blessures) que nous sommes guéris."

Mon esprit, habitué à l'analyse, a pu s'apercevoir que nous ne pouvions éviter cette conclusion: Jésus a porté notre maladie, nos douleurs et nos infirmités sur la croix, et par ses meurtrissures nous sommes guéris.

J'ai essayé par tous les moyens, étant donné ma tournure d'esprit portée à la philosophie, de mettre de côté les implications d'Esaïe 53:4-5. J'ai considéré toutes les façons possibles de l'interpréter sans inclure la guérison physique. Les semaines qui ont suivi, le diable m'a mis à l'esprit toutes les objections possibles à la guérison divine. Je ne pense pas qu'il en ait oublié une seule! Pourtant, à chaque fois, je revenais à la parole de Dieu et elle disait la même chose. Je me souvenais de ma Bible bleue. Tout du long, de la Genèse à l'Apocalypse, je voyais la promesse de guérison, de santé, de force physique et de longue vie.

Pour une raison inconnue, j'en avais conclu qu'en tant que chrétiens, nous devions nous préparer à être misérables pour le restant de notre vie. Chaque fois que je lisais les promesses et les affirmations de guérison dans l'Ecriture, je disais: "C'est trop beau pour être vrai. Il n'a pas vraiment voulu dire cela. Dieu veut-il vraiment que je sois en bonne santé, que je prospère et que je vive longtemps? C'est impossible. Ce n'est pas l'image que j'ai de la religion." Tandis que j'argumentais ainsi, le Seigneur m'a parlé de façon inaudible, mais très clairement: "Dis-moi qui est le maître et qui est l'élève." "Seigneur, ai-je répondu, tu es le maître et je suis l'élève." "Alors, veux-tu me laisser t'enseigner?" J'ai capté le message.

Le Saint-Esprit m'a ensuite dirigé vers un passage qui m'a fait sortir de l'hôpital: "Mon fils, sois attentif à mes paroles, prête l'oreille à mes discours, qu'ils ne s'éloignent pas de tes yeux; garde-les dans le fond de ton cœur; car c'est la vie pour ceux qui les trouvent, c'est la santé pour tout leur corps." (Proverbe 4:20-22)

"Mon fils..." J'ai réalisé que Dieu **me** parlait comme à son enfant. Ce passage ne s'adresse pas à des incroyants, mais au peuple de Dieu. Quand je suis arrivé à "tout leur corps", j'ai pensé: "Ça y est!" Même un philosophe ne pouvait pas faire dire à "corps" autre chose que "corps". "Tout mon corps", cela signifie "tout mon corps physique". Dieu a pourvu à travers sa Parole ce qui va communiquer la santé à tout mon corps.

J'ai regardé la note inscrite dans la marge, et la traduction pour "santé" était "médicament". Le mot hébreu pouvait donc être rendu par "santé" ou "médicament".

"C'est merveilleux! ai-je pensé. Je suis malade et j'ai besoin d'un médicament. Dieu a donné le médicament qui va redonner la santé à tout mon corps."

L'une de mes tâches en tant qu'aide-soignant dans l'armée britannique consistait à donner des médicaments alors que moi-même je n'étais pas malade. Je me suis donc dit: "Je vais prendre la parole de Dieu comme un médicament."

Quand j'ai dit cela, Dieu m'a de nouveau parlé de façon inaudible, mais clairement: "Quand un médecin donne un médicament à une personne, la posologie est indiquée sur la bouteille. Proverbe 4:20-22, c'est mon flacon de médicament et la façon de le prendre est indiquée. Tu devrais l'étudier."

Je l'ai relu et j'ai remarqué qu'il y avait quatre recommandations:

1. "Sois attentif à mes paroles." Nous devons prêter une attention soutenue à ce que Dieu dit.
2. "Prête l'oreille." Nous devons courber les nuques raides et devenir "enseignables". Nous ne savons pas tout, et certaines traditions que nous avons héritées de notre milieu chrétien ne sont pas bibliques.
3. "Qu'ils (mes discours) ne s'éloignent pas de tes yeux." Nous devons nous concentrer sans faillir sur la parole de Dieu.
4. "Garde-les dans le fond de ton cœur."

Le verset suivant dit: "Garde ton cœur plus que toute autre chose, car de lui viennent les sources de la vie." (Proverbe 4:23) Autrement dit, ce que vous gardez dans votre cœur va déterminer le cours de votre vie. Vous ne pouvez pas avoir une mauvaise attitude de cœur et vivre droitement, et vous ne pouvez pas non plus avoir la bonne attitude et vivre injustement. Le cours de votre vie est déterminé par ce qui remplit votre cœur. Dieu me disait: "Si tu reçois ma parole par la porte de ton œil, la porte de ton oreille et qu'elle arrive à ton cœur, elle accomplira tout ce que j'ai dit."

J'ai décidé que j'allais prendre la parole de Dieu comme mon médicament. Je suis allé voir le médecin et je l'ai remercié d'avoir essayé de m'aider. "A partir de maintenant, lui ai-je dit, je vais faire confiance à Dieu. Je ne veux plus d'autres médicaments." J'ai échappé de peu à l'asile psychiatrique et j'ai signé une décharge.

Bien que le pire, pour la maladie de peau dont je souffrais, soit la chaleur, l'armée m'a envoyé dans un endroit encore plus chaud, à Kartoum, au Soudan, où la température dépasse régulièrement les cinquante-cinq degrés. Je me suis donc trouvé au Soudan à me battre pour la guérison et bien déterminé à prendre mon médicament. Philosophiquement parlant, c'était stupide. Allais-je être intelligent et rester malade ou stupide et être guéri? J'ai décidé d'être stupide.

Je me suis demandé comment les gens prenaient leurs médicaments. Souvent, c'est trois fois par jour, après les repas. Alors, après chaque repas, je me mettais à part, j'ouvrais ma

Bible, je m'inclinais dans la prière en disant: "Seigneur, tu as promis que ces paroles seraient le médicament pour tout mon corps. Je les prends comme mon médicament maintenant, dans le nom de Jésus." Puis je lisais la Bible attentivement, à l'écoute de ce que Dieu me disait.

Gloire à Dieu, j'ai été complètement guéri! Non seulement j'ai reçu la guérison physique, mais je suis également devenu une personne totalement différente. La Bible a renouvelé mon intelligence et a changé mes priorités, mes valeurs et mes attitudes.

Remplir les conditions pour les promesses de Dieu

C'est merveilleux d'être guéri miraculeusement, et je remercie Dieu parce que j'ai vu beaucoup de gens guéris miraculeusement et instantanément. Il y a cependant un réel bénéfice à être guéri en "prenant le médicament" systématiquement durant toute la période de guérison. Vous obtenez plus que la guérison physique; vous êtes changé dans votre être intérieur.

Je n'ai pas reçu la guérison instantanément. J'ai dû attendre trois mois avant d'être complètement guéri dans ce climat malsain. Dans cette situation, j'ai été encouragé par l'exemple des enfants d'Israël en Egypte. Plus les Egyptiens les affligeaient, plus les Israélites prospéraient et croissaient (voir Exode 1:12). Les circonstances ne sont pas des facteurs décisifs. Les promesses de Dieu ne dépendent pas des circonstances, mais du fait que **nous remplissons les conditions**.

Laissez-moi terminer ce chapitre par un principe qui va vous aider à vous approprier ce dont vous avez besoin par le sacrifice de Jésus. Jacques dit, dans son épître, que "la fois sans les œuvres est morte" (Jacques 2:20). Il ne suffit pas de s'asseoir et de dire: "Je crois"; vous devez activer votre foi par des œuvres et des actions appropriées.

Les gens qui m'ont amené la première fois à l'église étaient des amis de Smith Wigglesworth, fameux évangéliste qui avait le don de guérison. Il avait pour habitude de dire: "La foi est un acte." C'est ainsi que cela a fonctionné pour moi. J'aurais pu m'asseoir sur mon lit et dire: "Je crois", mais rien n'aurait changé. J'avais besoin de faire quelque chose qui active ma foi. Dans sa sagesse, Dieu m'a montré que je devais prendre la Bible trois fois par jour comme un médicament.

La leçon est claire. Ne soyez pas passif, mais entrez par l'action appropriée dans ce que Dieu a prévu pour vous à la croix.

28

CHAPITRE TROIS

UN ÉCHANGE DIVINEMENT ORDONNÉ

Dans ce chapitre, nous entrevoyons une vérité extraordinaire, celle qu'à travers le sacrifice de Jésus sur la croix, un échange a eu lieu qui m'ouvre tous les trésors de la provision de Dieu.

Commençons notre étude de l'échange divin en relisant Hébreux 10:14: "Car, par une seule offrande, il a amené à la perfection pour toujours ceux qui sont sanctifiés." J'ai souligné deux choses qui sont la mort de Jésus sur la croix, qui était un sacrifice ordonné par Dieu dans lequel Jésus, en tant que prêtre, s'est offert lui-même à la place de l'espèce humaine tout entière envers Dieu le Père, et le fait que c'était un sacrifice parfait. Rien n'a été omis, rien ne sera jamais ajouté. Il est parfaitement parfait, complètement complet. Tous les besoins de tous les descendants d'Adam ont été totalement pourvus à travers ce sacrifice unique de Jésus sur la croix.

Il est important de saisir ce fait. Il est aussi capital que nous ne laissions pas notre attention dévier de ce sacrifice. Nous pouvons être engagés dans différentes formes d'enseignement, de ministères et d'activités chrétiennes qui sont bonnes en soi, mais si elles sont séparées du sacrifice de la croix, en fin de compte, elles perdent de leur efficacité.

Je vais prendre une image tirée du prophète Esaïe pour illustrer le point suivant, qui est que la croix est le **centre** de toute la provision de Dieu. L'Evangile tout entier est centré sur la croix. Le prophète Esaïe illustre cela très clairement. Patientez; cela vaut bien une étude!

La croix est au centre

Combien y a-t-il de chapitres dans le livre d'Esaïe? Il y en a soixante-six. Combien de livres y a-t-il dans la Bible? Il y en a également soixante-six.

Il y a deux grandes parties dans le livre d'Esaïe, les chapitres 1 à 39 et les chapitres 40 à 66, soit vingt-sept chapitres. De même, il y a trente-neuf livres dans l'Ancien Testament et vingt-sept dans le Nouveau. Les vingt-sept derniers chapitres d'Esaïe ont souvent été appelés "l'Evangile" dans l'Ancien Testament.

Ces vingt-sept chapitres sont à leur tour divisés en trois séries de neuf chapitres; les chapitres 40 à 48, 49 à 57 et 58 à 66.

Ce découpage en trois séries de neuf chapitres est vraiment significatif. Chacun d'entre eux finit par une déclaration emphatique qui dit que Dieu ne se compromettra jamais avec le péché. En regardant les derniers versets d'Esaïe 48, nous lisons: "Il n'y a point de paix pour les méchants, dit l'Eternel." Regardons maintenant le dernier verset du chapitre 57: "Il n'y a point de paix pour les méchants, dit mon Dieu." Ces deux affirmations sont quasiment identiques.

Dans le dernier verset du chapitre 66 nous lisons: "Et quand on sortira, on verra les cadavres des hommes qui se sont rebellés contre moi; car leur ver ne mourra point, et leur feu ne s'éteindra pas; et ils seront pour toute chair un objet d'horreur." Les mots ne sont pas identiques, mais la vérité est la même. Ceux qui se sont rebellés et qui ne se sont pas repentis seront un spectacle éternel du jugement de Dieu.

Chacune de ces trois parties de neuf chapitres finit donc avec une déclaration similaire, celle que malgré toute sa miséricorde, Dieu ne se compromettra jamais avec le péché qui n'est pas confessé et auquel on ne renonce pas.

Le message central du chapitre central

La partie qui se trouve au milieu du livre d'Esaïe sont les chapitres 49 à 57. Le chapitre du milieu de cette partie centrale est Esaïe 53, mais la prophétie commence vraiment aux trois derniers versets du chapitre 52: "Voici, mon serviteur agira sagement." (Esaïe 52:13, traduction Darby)

Le mot "voici" introduit les mots "mon serviteur", titre donné à Jésus dans cette prophétie. Vous devrez probablement regarder votre Bible afin de voir cela; si vous ajoutez les trois derniers

versets d'introduction du chapitre 52 aux douze versets du chapitre 53, vous obtiendrez cinq séries de trois versets:
1. Esaïe 52:13-15.
2. Esaïe 53:1-3.
3. Esaïe 53:4-6.
4. Esaïe 53:7-9.
5. Esaïe 53:10-12.

Vous constatez que la série du milieu de ce chapitre central est celui d'Esaïe 53:4-6. Je crois que c'est un rendez-vous divin, parce que la vérité qu'il révèle est au centre et au cœur du message global de l'Evangile. Considérez ce qui est dit aux deux premiers versets: "Certainement, lui a porté nos langueurs, et s'est chargé de nos douleurs; et nous, nous l'avons estimé battu, frappé de Dieu, et affligé; mais il a été blessé pour nos transgressions, il a été meurtri pour nos iniquités; le châtiment de notre paix a été sur lui, et par ses meurtrissures nous sommes guéris." (Esaïe 53:4-5, traduction Darby)
Les traducteurs disent "langueurs" et "douleurs" là où l'hébreu dit en fait "maladies" et "douleurs". La signification de ces deux derniers mots n'a pas changé depuis le temps de Moïse.
Au début du verset 4, il est donc dit: "Certainement, lui..." L'effet grammatical en hébreu est de mettre l'accent sur le "lui" pour deux raisons. Le mot traduit "certainement" souligne le mot qui suit. Encore une fois l'hébreu – comme le latin, le grec, le russe et d'autres langues, mais pas pour la plupart des langues européennes – n'a pas besoin de mettre le pronom "lui", parce qu'il est présent dans la forme verbale. On ne met le pronom que si l'on désire insister sur la personne. Comme le pronom est là, le "lui" est souligné deux fois; d'abord par le mot "cependant" qui précède, puis par le pronom "lui".
Nous en arrivons au verset crucial, troisième verset de la série du milieu du chapitre central de la section du milieu de la dernière partie d'Esaïe: "Nous étions tous errants comme des brebis, chacun suivait sa propre voie; et l'Eternel l'a frappé pour l'iniquité de nous tous." (Esaïe 53:6)
Quel est le problème de l'espèce humaine? Qu'avons-nous tous fait? Voici le diagnostic de la Bible. Nous n'avons pas tous

commis l'adultère ni été saouls, nous n'avons pas tous volé. Mais il y a une chose que nous avons tous faite, celle d'avoir cherché notre propre voie, qui n'est pas celle de Dieu. Ce dernier appelle cela "l'iniquité". Le meilleur équivalent moderne est, je pense, "rébellion". La racine du problème de l'humanité, c'est la rébellion contre Dieu.

Ce problème humain est universel. Tous, juifs ou gentils, catholiques ou protestants, Asiatiques, Américains ou Africains sans exception, nous avons cherché notre propre voie. Nous sommes tous dans la même catégorie; nous sommes rebelles.

Mais le merveilleux message, c'est que Dieu a mis sur Jésus l'iniquité, la rébellion de nous tous. Une traduction dit que Dieu a fait se rencontrer en lui l'iniquité de nous tous, de tous les hommes de toutes les races, de tous les âges. Notre iniquité et notre rébellion sont venues sur Jésus quand il était pendu à la croix.

Qu'est-ce que Jésus a porté?

Le mot pour "iniquité" en hébreu est "avon". Il est important de comprendre que cela ne signifie pas simplement la rébellion, mais toutes les conséquences néfastes de la rébellion, le châtiment pour la rébellion et tout ce qu'elle apporte sur ceux qui en sont coupables. Trois passages de différentes parties de l'Ancien Testament vous convaincront, je l'espère, que ce que je dis n'est pas une interprétation fantaisiste, mais bien une application directe de la Bible.

Premièrement, écoutez Caïn après qu'il a entendu la sentence concernant le meurtre de son frère: "Caïn dit à l'Eternel: Mon châtiment est trop grand pour être supporté." (Genèse 4:13)

Le mot pour "châtiment" ici est "avon". L'iniquité de Caïn et le châtiment étaient tous deux inclus dans le même mot. Ils étaient plus grand que ce qu'il pouvait supporter.

Voici un deuxième exemple. Lorsque Saül demande à la sorcière d'Endor de faire remonter Samuel (le châtiment pour la pratique de la sorcellerie était la mort), il lui a aussi promis: "L'Eternel est vivant! Il ne t'arrivera pas de mal (châtiment) pour cela." (1 Samuel 28:10)

Une fois encore, le mot hébreu est "avon". Saül assure la sorcière qu'elle ne sera pas tenue responsable de son acte et que le châtiment ne viendra pas sur elle.

Troisièmement, nous voyons le mot "avon" deux fois dans Lamentations 4. D'abord au verset 6: "Le châtiment de l'iniquité de la fille de mon peuple..." Il y a deux mots ici, "châtiment" et "iniquité". Mais, en hébreu, il n'y a qu'un mot, qui est "avon". On peut le traduire par "iniquité" ou par "châtiment de l'iniquité".

Dans le verset 22 du même chapitre nous lisons: "... la peine de ton iniquité est expiée..." Encore une fois, il n'y a qu'un seul mot en hébreu et c'est, comme vous le devinez, le terme "avon".

Ce mot signifie donc "rébellion", "le châtiment pour la rébellion" et "toutes les conséquences néfastes de la rébellion".

Lorsque nous regardons Esaïe 53, nous comprenons que l'Eternel a fait reposer, sur le serviteur souffrant la rébellion de nous tous, le châtiment de notre rébellion et toutes les conséquences néfastes de la rébellion.

L'échange divin

Cela conduit à une vérité fondamentale, une clé qui, comme je l'ai dit, ouvre tous les trésors des provisions de Dieu. A la croix, un échange a eu lieu, divinement ordonné et prédit par Dieu. C'est très simple et très profond. Tout le mal qui nous était dû à cause de la justice et qui devait venir sur nous est allé sur Jésus, afin que tout le bien qui lui revenait, à cause de son obéissance sans péché, nous soit accessible.

Lisons maintenant les neuf aspects spécifiques de l'échange cité plus bas. Pour chaque cas, en le lisant, étendez la bonne main, c'est-à-dire la main gauche pour le mal et la droite pour le bien.

1. Jésus a été puni afin que nous soyons pardonnés.
2. Jésus a été meurtri afin que nous soyons guéris.
3. Jésus a été fait péché de notre nature pécheresse afin que nous soyons rendus justes par sa justice.
4. Jésus est mort à notre place pour que nous puissions partager sa vie.

5. Jésus a été fait malédiction afin que nous recevions la bénédiction.
6. Jésus a enduré la pauvreté afin que nous partagions son abondance.
7. Jésus a porté notre honte afin que nous partagions sa gloire.
8. Jésus a souffert notre rejet afin que nous bénéficiions de son acceptation.
9. Notre vieil homme est mort en Jésus afin que le nouvel homme puisse vivre en nous.

Vous ne pourrez jamais trouver une raison pour mériter cet échange. C'est le résultat de la **grâce** souveraine de Dieu. C'est l'expression de son **amour** incommensurable.

De plus, à ces neuf échanges vitaux qui ont eu lieu à la croix, il y a cinq aspects différents de délivrances que nous pouvons recevoir à travers l'application de la croix dans nos vies. A travers elle, nous recevons la délivrance:
1. de ce présent siècle mauvais,
2. de la loi,
3. de notre moi,
4. de la chair,
5. du monde.

Dans le reste de ce livre, nous étudierons chacun de ces échanges et aspects de la délivrance, et nous expliquerons comment nous pouvons nous approprier tout ce que Dieu a prévu pour nous à travers l'expiation. Le mot clé ici est "grâce". La grâce est quelque chose que vous ne pouvez jamais gagner ni mériter. La plupart des gens religieux ne jouissent pas de la grâce de Dieu, parce qu'ils essaient de l'obtenir par leurs propres moyens. Mais il n'y a pas la possibilité de gagner ce que Dieu a fait pour nous à travers la mort de Jésus sur la croix. Il n'y a qu'une façon de la recevoir, et c'est en croyant. Cessez d'essayer de la gagner. Arrêtez de vous persuader que vous êtes assez bon. Vous ne l'êtes pas et vous ne le serez jamais! La seule façon de recevoir la provision de Jésus sur la croix, c'est par la foi.

Pourquoi Dieu a-t-il envoyé son propre fils à la croix à notre place? Il l'a fait parce qu'il nous aime. Pourquoi Dieu nous aime-t-il? La Bible n'offre pas d'explication et l'éternité serait trop courte pour le découvrir. Nous ne le méritons pas, nous ne l'avons pas gagné et il n'y a rien en nous pour justifier son incroyable sacrifice. C'est un choix souverain du Dieu tout-puissant.

En considérant la provision de Dieu, il est important pour nous de comprendre deux titres de Jésus. Premièrement, dans 1 Corinthiens 15:45: "C'est pourquoi il est écrit: Le premier homme, Adam, devint une âme vivante. Le dernier Adam est devenu un esprit vivifiant."

Beaucoup de chrétiens appellent Jésus "le second Adam", et c'est incorrect. Le verset 45 l'appelle le dernier Adam. Cela fait-il une différence? Oui, comme nous allons le voir plus bas.

Mais lisons d'abord le verset 47: "Le premier homme tiré de la terre est terrestre; le second homme est le Seigneur du ciel." Jésus est donc appelé d'abord "le dernier Adam", puis "le second homme". Nous devons bien mettre ces titres dans le bon ordre. Si nous ne les citons pas correctement, ou si nous les mettons dans le mauvais ordre, cela n'a plus de sens.

Sur la croix, Jésus était le dernier Adam. Il n'était pas le dernier dans le temps, il y a eu des millions de descendants d'Adam nés depuis, mais il était le dernier dans le sens que l'héritage mauvais de notre race pleine de péché est tombé sur lui à la croix. Quand il a été enseveli, tout a été enseveli avec lui. Notre nature mauvaise héritée d'Adam a été éliminée. Elle est terminée, hors de notre vue.

Quand Jésus est ressuscité, il l'a été en tant que second homme, une nouvelle espèce d'hommes, le commencement de l'espèce Emmanuel, l'espèce de l'homme en Dieu. Celui qui est né de nouveau par la foi dans la mort et la résurrection de Jésus prend part à cette nouvelle espèce Emmanuel. Assurez-vous que ce soit bien clair pour vous. Imaginez Jésus sur la croix, le dernier Adam, la fin de tout. Il n'y avait pas d'autre moyen pour notre espèce d'échapper aux conséquences néfastes de ce que nous avions fait. Quand Jésus a été enseveli, tout a été enseveli avec lui. Quand il est ressuscité le troisième jour, c'était le commencement d'une nouvelle espèce, celle de l'homme en Dieu, une espèce dans laquelle Dieu et l'homme se mêlent mystérieusement dans une nouvelle création.

Dans 1 Pierre 1:3, l'apôtre compare la résurrection à une naissance de la mort et, dans Ephésiens 1:22-23, Paul décrit Jésus comme "chef suprême de l'Eglise, qui est son corps". C'est une belle image, parce que lors d'une naissance naturelle, quelle est la partie du corps qui émerge en premier? C'est la tête. Cette dernière est la garantie que le reste du corps va suivre. Quand Jésus-Christ en tant que tête de l'Eglise est ressuscité des morts, il est devenu la garantie de notre résurrection. Il est mort en tant que dernier Adam et il est ressuscité en tant que second homme.

Une image prophétique finale

Nous allons maintenant à une image prophétique finale, une description de la rébellion d'Israël. Dans Esaïe 1:2, l'Eternel dit à propos des fils d'Israël: "Mais ils se sont révoltés contre moi." Dans les versets 5 et 6, l'Eternel donne une image vivante des conséquences de cette rébellion: "La tête entière est malade, et tout le cœur est souffrant. De la plante du pied jusqu'à la tête, rien n'est en bon état; ce ne sont que blessures, contusions et plaies vives qui n'ont été ni pansées, ni bandées, ni adoucies par l'huile."

C'est la rébellion et toutes ses conséquences néfastes. C'est aussi une image exacte de Jésus sur la croix! Comparez cela avec une partie de l'introduction d'Esaïe 52:13-14: "Voici, mon serviteur prospérera; il montera, il s'élèvera, il s'élèvera bien haut. De même qu'il a été pour plusieurs un sujet d'effroi, tant son visage était défiguré, tant son aspect différait de celui des fils de l'homme, son apparence n'était plus celle des fils d'Adam..."

L'aspect physique de Jésus était si bouleversé qu'il en avait perdu toute apparence humaine. De la tête aux pieds, ce n'étaient que "blessures, contusions et plaies vives".

Pourquoi était-il "défiguré, tant son aspect différait de celui des fils de l'homme"? Parce que c'est le résultat de la rébellion. Par une image vivante, Dieu nous communique le fait que, sur la croix, Jésus a porté notre rébellion ainsi que toutes ses conséquences néfastes. Ne croyez pas les belles images religieuses sur la crucifixion. C'étaient des meurtrissures, des blessures et des plaies vives. Les blessures étaient ouvertes et elles étaient infectées. Pourquoi? Parce que notre rébellion était sur lui. La prochaine fois que vous et moi serons tentés de nous rebeller, que Dieu puisse nous montrer une image de la fin de la rébellion. Jésus, en tant que dernier Adam, a pris cette rébellion, est mort et a été enterré avec elle. Quand il est ressuscité, il est ressuscité en tant que second homme, le chef d'une nouvelle espèce.

Pour terminer ce chapitre, dites maintenant ceci à voix haute: "Sur la croix, Jésus a porté notre rébellion et toutes ses conséquences néfastes." Si vous croyez vraiment ce que vous venez de proclamer, vous devez encore dire une chose: "Merci, Seigneur Jésus!" Amen.

DEUXIÈME PARTIE

LES NEUF ÉCHANGES

CHAPITRE QUATRE

LE PARDON ET LA GUÉRISON

Sur la croix, comme nous l'avons vu, un échange divinement ordonné a eu lieu – quelque chose conçu dans le cœur et l'esprit de Dieu de toute éternité et mis en œuvre au calvaire. La croix n'était pas un accident; ce n'était pas un incident grave qui arrivait à Jésus, ni un développement que Dieu n'avait pas prévu. Non, la croix était une merveille ordonnée par Dieu depuis le début des temps dans laquelle Jésus, en tant que prêtre, s'est offert lui-même à Dieu comme sacrifice. Par un seul sacrifice, il a pourvu aux besoins de toute l'espèce humaine dans tous les domaines de sa vie, pour ce temps et pour l'éternité.

La nature de l'échange était celle-ci: tout le mal qui nous était dû par la justice est venu sur Jésus, afin que tout le bien qui était réservé à Jésus à cause de son obéissance sans péché nous soit accordé. Ou plus brièvement: tout le mal est venu sur Jésus, afin que tout le bien nous soit réservé.

Dans ce chapitre, nous allons voir les deux premiers aspects de l'échange divin, qui sont tous deux mentionnés dans Esaïe 53:4-5: "Cependant, il a porté nos souffrances, il s'est chargé de nos douleurs; et nous l'avons considéré comme puni, frappé de Dieu, et humilié. Mais il était blessé pour nos péchés, brisé pour nos iniquités; le châtiment qui nous donne la paix est tombé sur lui, et c'est par ses meurtrissures que nous sommes guéris."

Premier échange: son châtiment pour notre pardon

Esaïe dit: "Le châtiment (ou punition) qui nous donne la paix est tombé sur lui." C'est le premier échange. Jésus a été puni afin que nous soyons pardonnés. Tant que votre péché n'est pas pardonné, vous ne pouvez pas avoir la paix avec Dieu; il ne fera pas la paix avec le péché.

Il est significatif, comme nous l'avons noté, que chacune des trois parties des neuf chapitres de la seconde moitié d'Esaïe finisse par l'affirmation que Dieu ne se compromettra pas avec le péché. Il faut le traiter. Le message de miséricorde, c'est que le péché a été vaincu en Jésus sur la croix. Le salaire du péché, c'est la mort; mais Jésus a payé le prix pour nous au calvaire. Quel en est le résultat? Lisez Romains 5:1: "Etant donc justifiés par la foi, nous avons la paix avec Dieu par notre Seigneur Jésus-Christ."

Une fois que nos péchés ont été traités à la manière de Dieu, le résultat en est la paix avec Dieu. Si Jésus n'avait pas été puni, nous n'aurions jamais pu avoir la paix avec Dieu. Son châtiment nous permet d'avoir la paix.

Nous lisons cette vérité encore plus nettement dans Colossiens 1:19-22, qui parle de Jésus sur la croix: "Car Dieu a voulu que toute plénitude habitât en lui; il a voulu par lui réconcilier tout avec lui-même, tant ce qui est sur la terre que ce qui est dans les cieux, en faisant la paix par lui, par le sang de sa croix. Et vous, qui étiez autrefois étrangers et ennemis par vos pensées et par vos mauvaises œuvres, il vous a maintenant réconciliés par sa mort dans le corps de sa chair, pour vous faire paraître devant lui saints, irrépréhensibles et sans reproche."

Ce résultat n'aurait pas été possible autrement que par le sacrifice de Jésus. Nous pouvons être pardonnés et délivrés de la puissance du mal, parce qu'il s'est totalement identifié avec tout le mal que l'homme, la femme et l'enfant ont pu faire.

Un autre passage sur ce thème se situe dans Ephésiens 1:7: "En lui, nous avons la rédemption par son sang, la rémission des péchés, selon la richesse de sa gloire."

Quand nous avons le pardon des péchés, nous avons la rédemption. Le mot "rédemption" signifie "racheter" ou "payer une rançon". Par le prix du sang de Jésus versé pour nous en sacrifice, nous avons été rachetés à Satan pour Dieu.

Dans Romains 7, Paul donne une vision merveilleuse de ce premier échange, vision qui n'est pas claire pour ceux qui ne sont pas familiers avec le contexte culturel. Lorsque Paul dit: "Je suis charnel, vendu au péché" (verset 14), cette phrase "vendu au péché" se réfère à une coutume romaine. Quand quelqu'un était vendu comme esclave, il devait se tenir sur un billot. Depuis un pieu se trouvant derrière lui, était plantée une lance au-dessus de sa tête. Quand on voyait une personne se tenir sur le billot et sous la lance, on savait qu'elle était vendue comme esclave. Autrement dit, Paul disait: "Je suis charnel, vendu sous la lance de mes péchés au-dessus de ma tête. Je n'ai pas le choix, je suis là pour être vendu."

Continuons la comparaison. Lorsque les gens étaient vendus comme esclaves, ils ne choisissaient pas ce qu'ils voulaient faire, le propriétaire le faisant pour eux. De deux femmes vendues sur le même marché, l'une pouvait devenir cuisinière et l'autre prostituée. Elles n'avaient pas le choix. C'est vrai aussi pour nous en tant que pécheurs. Il se peut que vous ayez été un "bon et respectable" pécheur et que vous ayez regardé de haut les prostituées et les drogués. Mais le propriétaire de l'esclave détermine quand même le rôle que vous devrez jouer en tant qu'esclave, qu'il soit digne ou dégradant.

La bonne nouvelle est celle-ci: un jour, Jésus est allé au marché aux esclaves, vous a sélectionné et a dit: "Je vais acheter cette personne. Satan, tu ne peux pas l'avoir; j'ai payé le prix. A partir de maintenant, il (elle) n'est plus ton esclave, mais mon fils (ma fille)." C'est cela, la rédemption! Elle ne peut venir que par le pardon des péchés. Comment pouvons-nous être pardonnés? Grâce à Jésus qui a été châtié du châtiment qui nous était dû.

Deuxième échange: ses blessures contre notre guérison

Nous en arrivons maintenant à un fait qui a été caché par des millions de chrétiens et qui est l'aspect physique de l'expiation. Ici, encore une fois, nous avons les merveilleux versets d'Esaïe 53 parlant de l'aspect physique. Premièrement: "Cependant, il a porté nos souffrances (littéralement nos maladies), il s'est chargé de nos douleurs." (verset 4)

Donc, le deuxième échange est celui-ci: Jésus a été blessé physiquement afin que nous soyons guéris physiquement. L'hébreu utilise deux verbes différents dans ce verset. Il veut dire qu'il a "emporté" nos maladies, qu'il a "enduré" nos souffrances. Jésus a donc emporté nos maladies et enduré nos souffrances. Quel en est le résultat? Regardez à la fin du verset 5: "Car c'est par ses meurtrissures que nous sommes guéris."

Comme c'est logique! Puisque Jésus a porté nos maladies et nos douleurs dans son corps, la guérison nous est accordée. Plus littéralement, l'hébreu dit: "Le corps a été guéri pour nous." Peut-être que la meilleure façon de le dire serait: "La guérison a été obtenue pour nous."

N'est-ce pas remarquable de constater que la Bible ne met jamais, lorsqu'elle parle de l'expiation, la guérison au futur? C'est accompli! En ce qui concerne Dieu, la guérison a déjà été obtenue. Nous sommes guéris. Parfois, des chrétiens me demandent: "Comment puis-je savoir si c'est la volonté de Dieu que je sois guéri?" Je réponds: "Vous me posez la mauvaise question. Si vous êtes un chrétien engagé, cherchant sincèrement à servir et à faire la volonté de Dieu, votre question devrait plutôt être: "Comment puis-je recevoir la guérison que Dieu a déjà prévue pour moi?"

Dans les chapitres à venir, j'essaierai de traiter, au moins en partie, la façon de s'approprier ce que Dieu a prévu. Cependant, si vous ne croyez pas que Dieu a pourvu à la guérison en premier lieu, vous aurez du mal à vous l'approprier. Le fondement, c'est de découvrir ce que Dieu nous accorde à travers Jésus sur la croix.

Le Nouveau Testament en renfort

Vous dites peut-être: "Je ne suis pas sûr d'accepter votre version d'Esaïe 53." Mais vous ne pouvez pas nier Matthieu, Pierre et le Saint-Esprit. Ces deux juifs du Nouveau Testament inspirés par le Saint-Esprit ont cité Esaïe 53:4-5. Lisons tout d'abord Matthieu 8:16 et le début du ministère de guérison de Jésus: "Le soir, on amena auprès de Jésus plusieurs démoniaques. Il chassa tous les esprits par sa parole, et il guérit tous les malades."

Remarquez que, dans le ministère de guérison de Jésus, il n'y a aucune distinction entre guérir les malades et chasser les esprits mauvais. Tout au long de son ministère, cela allait ensemble.

Pourquoi Jésus exerçait-il ainsi son ministère? Le verset 17 nous le dit: "... ainsi s'accomplit ce qui avait été annoncé par Esaïe, le prophète: Il a pris nos infirmités, et il s'est chargé de nos maladies."

Remarquez que la signification d'Esaïe 53:4-5 que Matthieu cite est totalement physique, puisqu'il se réfère à des "infirmités" et à des "maladies". De plus, le résultat est physique. Matthieu dit que Jésus a guéri tous ceux qui sont venus à lui. Non pas certains, tous! Il n'y a donc pas de doute quant au fait que Matthieu donne à Esaïe 53:4-5 une application complètement physique.

Encore un point à propos de ce passage de Matthieu. Il souligne que c'est lui (Jésus) qui le fait et non pas nous. Lorsque vous vous battez contre le péché, la maladie, la dépression, le rejet ou la peur, la Bible dit de regarder loin de vous. La réponse n'est pas en vous. Levez les yeux vers Jésus; "lui-même" est la réponse.

1 Pierre 2:24 cite aussi Esaïe 53:4-5. Il parle lui aussi de Jésus: "Lui qui a porté lui-même nos péchés en son corps sur le bois, afin que morts au péché nous vivions pour la justice; lui par les meurtrissures duquel vous avez été guéris." Notez encore une fois que Pierre souligne le "lui".

Le péché est le sujet central de ces passages. Lorsqu'il a été traité, tout peut l'être. Remarquez enfin le temps du verbe – non pas "vous serez guéris" ni "vous êtes guéris", mais "vous avez été guéris". En ce qui concerne Dieu, c'est déjà fait. Quand Jésus dit: "Tout est accompli!" (Jean 19:30), c'était accompli. Du côté de Dieu, rien ne changera jamais, rien ne doit être ajouté, ni retranché. Souvenez-vous de la parole prophétique que j'ai reçue de la femme de l'Oklahoma avant que Dieu me guérisse: "Considère l'œuvre du calvaire, une œuvre parfaite dans tous ses aspects, parfaite à tous égards." L'aspect physique est tout aussi parfait qu'un autre.

Que comprend le salut?

Laissez-moi vous montrer plusieurs passages du Nouveau Testament dans lesquels le mot "sauver" est traduit par "guérir".

Le mot grec pour "sauver" est "sozo". Tous les autres termes pour "salut" sont dérivés de la même racine. Dans un certain nombre de passages du Nouveau Testament, le verbe "sozo" est utilisé pour la guérison physique. Le problème est que les traducteurs ne traduisent pas toujours le mot "sauver" qui cache le fait que la guérison physique fait partie du salut.

La guérison

Lisons d'abord Matthieu 9:21-22, l'histoire de la femme qui a une perte de sang, qui a touché le vêtement de Jésus et qui avait peur de dévoiler ce qu'elle avait fait. Une femme avec une perte de sang était considérée impure et n'avait le droit de toucher quiconque, sinon cette personne devenait à son tour impure. Elle a donc transgressé la loi en touchant Jésus. C'est cela, plutôt que la timidité, qui a fait qu'elle s'est mise à trembler quand on lui a demandé ce qu'elle avait fait: "Car elle disait en elle-même: Si je puis seulement toucher son vêtement, je serai guérie." (verset 21) Ce qu'elle dit, en fait, c'est: "Je serai sauvée."

Jésus se retourne et, quand il la voit, il lui dit: "Prends courage, ma fille, ta foi t'a guérie." (verset 22) Il dit en fait "Ta foi t'a sauvée."

Luc 8:47-48 nous donne un autre point de vue sur la femme à la perte de sang: "La femme, se voyant découverte, vint toute tremblante se jeter à ses pieds, et déclara devant tout le peuple pourquoi elle l'avait touché, et comment elle avait été guérie à l'instant." Une fois encore, le mot traduit par "guéri" est vraiment "sozo" ou "sauvé".

La réponse de Jésus, "ta foi t'a guérie", est en fait "ta foi t'a sauvée". Vous voyez, Jésus inclut la guérison dans le salut.

Lisons maintenant Marc 6:56: "En quelque lieu qu'il (Jésus) arrive, dans les villages, dans les villes ou dans les campagnes, on mettait les malades sur les places publiques, et on le priait de leur permettre seulement de toucher le bord de son vêtement. Et tous ceux qui le touchaient étaient guéris."

Une fois encore, le mot grec pour "guéri" est "sozo", qui signifie "sauvé". De quoi étaient-ils sauvés? Une fois encore la réponse est **de la maladie**.

La délivrance des démons

Dans Luc 8:35-36, nous trouvons le récit d'un homme qui a en lui une légion de démons. Quand Jésus les chasse, l'homme redevient parfaitement normal: "Les gens allèrent voir ce qui était arrivé. Ils vinrent auprès de Jésus et ils trouvèrent l'homme de qui étaient sortis les démons assis à ses pieds, vêtu, et dans son bon sens; et ils furent saisis de frayeur. Ceux qui avaient vu ce qui s'était passé leur racontèrent comment le démoniaque avait été guéri."

Une fois encore, le mot grec utilisé est "sozo", qui signifie "sauvé" et qui est cette fois traduit par "guéri". La délivrance des démons a été accomplie par le sacrifice de Jésus sur la croix et fait partie du salut.

J'ai exercé mon ministère envers des milliers de personnes qui avaient besoin de délivrance d'esprits mauvais, et j'ai appris par expérience que Satan ne respecte qu'une seule chose: la croix. Vous pouvez lui dire que vous êtes baptiste, épiscopalien, presbytérien ou pentecôtiste, il s'en moque. Quand vous allez contre lui sur le fondement de ce que Jésus a fait sur la croix, Satan tremble.

La résurrection d'entre les morts

Lisons Luc 8:49-50: "Comme il (Jésus) parlait encore, survint de chez le chef de la synagogue quelqu'un disant: Ta fille est morte; n'importune pas le maître. Mais Jésus, ayant entendu cela, dit au chef de la synagogue: Ne crains pas, crois seulement, et elle sera sauvée."

Une fois encore, le mot grec est "sauvé". Le salut, ici, c'est le fait de ressusciter.

Un salut approprié

Nous voyons que la guérison physique, la délivrance des esprits mauvais et même la résurrection d'entre les morts d'une petite fille sont décrits par un seul mot, qui est "sauver". Le salut, c'est tous les besoins que Jésus a pourvus à la croix.

Dans Actes 4:8-10, on demandait aux apôtres comment ils avaient guéri le boiteux à la porte Belle du temple: "Alors Pierre, rempli du Saint-Esprit, leur dit: Chefs du peuple, et anciens d'Israël, puisque nous sommes interrogés aujourd'hui sur un bienfait accordé à un homme malade, afin que nous disions comment il a été guéri (ou sauvé), sachez-le tous, et que tout le peuple d'Israël le sache! C'est par le nom de Jésus-Christ de Nazareth que vous avez crucifié, et que Dieu a ressuscité des morts; c'est par lui que cet homme se présente en pleine santé devant vous."

Qu'est-ce qui a rendu la santé au boiteux? C'est le salut. Puis Pierre enfonce le clou: "Il n'y a de salut en aucun autre." (verset 12)

Lisons enfin 2 Timothée 4:18: "Le Seigneur me délivrera de toute œuvre mauvaise, et il me **sauvera** pour me faire entrer dans son royaume céleste."

Ici encore, Paul utilise le mot "sozo". Il affirmait: "Le Seigneur me sauvera et continuera à me sauver."

Le résultat progressif de ce que Jésus a fait sur la croix, c'est le salut. A partir du moment où vous croyez jusqu'au moment où vous passez dans l'éternité, vous êtes dans le salut accordé par le sacrifice de Jésus sur la croix.

Voici donc un défi approprié que nous lisons dans Hébreux 2:3: "Comment échapperons-nous en négligeant un si grand salut?"

En fait, il y a des gens qui refusent le salut. Ils s'en détournent parce qu'ils n'en veulent pas et qu'ils n'y croient pas. Beaucoup de chrétiens ne refusent pas le salut, mais ils le négligent. Ils ne trouvent pas ce que Dieu leur a accordé, mais ils acceptent une vision traditionnelle, une présentation dénominationelle de la croix.

Dieu m'a conduit à un point, à travers une longue maladie, où j'ai dû trouver ce qui était inclus dans le salut. Je n'avais pas d'autre moyen de m'en sortir. Peut-être que Dieu vous a, vous aussi, amené à ce stade. Vous ne pouvez pas vous permettre de négliger son salut. Quelque part, un jour – et peut-être même tout de suite –, vous en aurez désespérément besoin.

Que Dieu puisse aider chacun d'entre vous à ne pas négliger l'aspect physique de son grand salut.

Proclamer ces échanges

L'une des façons les plus simples et les plus pratiques de s'approprier ce que Dieu a fait, c'est de le remercier en le **confessant** de votre bouche. Je mettrai donc ces deux premiers échanges sous la forme de confessions verbales:
1. Jésus a été puni afin que je sois pardonné.
2. Jésus a été blessé afin que je sois guéri.

Si vous croyez vraiment ces affirmations, vous pouvez dire: "Merci, Jésus, de me donner à travers ton sacrifice le pardon et la guérison."

CHAPITRE CINQ

LA JUSTICE À LA PLACE DU PÉCHÉ

Dans ce chapitre, nous allons voir comment Satan essaie de culpabiliser les chrétiens et comment nous pouvons vaincre notre accusateur. Notre victoire se fonde sur le troisième aspect de l'échange divin accompli par l'œuvre parfaite de Christ à la croix: l'échange du péché contre la justice. C'est une autre des vérités que beaucoup de chrétiens n'ont pas comprises, celle qu'une part de notre héritage spirituel nous a été volée.

Cependant, nous devons tout d'abord distinguer entre les **péchés** (pluriel) et le **péché** (singulier). **Les péchés** sont des actes mauvais que nous avons commis. Jésus a été châtié afin que ces actes mauvais soient pardonnés. **Le péché** est la puissance mauvaise ou la nature mauvaise qui nous pousse à commettre des péchés. Tant que cette puissance maléfique du péché n'a pas été traitée, notre délivrance n'est pas complète.

Revenons encore une fois au grand chapitre de l'expiation et lisons Esaïe 53:10: "Mais il plut à l'Eternel de le meurtrir; il l'a soumis à la souffrance. S'il livre son âme en sacrifice pour le péché, il verra une semence; il prolongera ses jours, et le plaisir de l'Eternel prospérera en sa main." (traduction Darby)

Quelle prédiction claire de la résurrection de Jésus! Après avoir livré "son âme en sacrifice", l'Ecriture dit que le serviteur souffrant verra "une semence et prolongera ses jours; et le plaisir de l'Eternel prospérera en sa main". Cela ne serait pas possible si Jésus était resté au tombeau!

Regardons l'affirmation selon laquelle Dieu le Père a fait de l'âme de Jésus une offrande pour le péché (ou pour la culpabilité). Le mot clé ici, c'est **culpabilité**. Nous devons toujours nous souvenir que les sacrifices de l'Ancien Testament étaient seulement les prémices de ce que Dieu allait faire à travers le sacrifice de Jésus.

Sous l'Ancienne Alliance, si une personne commettait un certain type de péché, il fallait qu'elle trouve l'offrande appropriée. Elle amenait le sacrifice, un taureau, une chèvre ou un mouton, au prêtre au tabernacle et elle confessait son péché. Puis celui-ci posait sa main sur la tête de la bête et, par cet acte, transférait symboliquement le péché vers l'animal. Une fois le péché transféré, il mettait le châtiment sur l'animal et non sur la personne en tuant la bête. En un sens, l'animal payait le châtiment pour le péché de la personne.

Tout cela est une image de ce qui est arrivé quand Jésus a été cloué à la croix. Dieu le Père a transféré tout le péché de l'humanité vers l'âme de son Fils. Esaïe fait une étonnante affirmation que personne d'entre nous ne comprendra jamais complètement: "Tu as fait de son âme une offrande pour le péché." L'âme de Jésus a été faite offrande pour le péché pour l'espèce humaine tout entière!

Quand nous considérons la pureté absolue et la sainteté de Jésus, nous ne pouvons même pas commencer à comprendre ce qu'implique faire de son âme une offrande pour le péché pour l'humanité. Nous pouvons tous penser à des choses que nous n'aurions jamais voulu vivre ou que nous n'aurions jamais voulu faire. Nous ressentons de la gêne, peut-être même du dégoût au souvenir de certaines choses. Pensez maintenant au Fils de Dieu qui était sans péché, prenant sur lui tout le péché de toute l'humanité! C'était la coupe qu'il avait du mal à boire à Gethsémané. Parce qu'il voyait à la fois la souffrance physique et l'horrible fardeau spirituel du péché humain qu'il allait prendre sur lui, il a dit: "Père, si tu voulais éloigner de moi cette coupe." (Luc 22:42) Mais, gloire à Dieu, il a ajouté: "Toutefois que ma volonté ne se fasse pas mais la tienne." C'est ainsi que nous avons été rachetés!

Nous avons maintenant besoin de regarder dans le Nouveau Testament Vous avez peut-être déjà lu 2 Corinthiens 5:21 sans réaliser qu'en fait ce passage se réfère à Esaïe 53:10-12: "Celui qui n'a pas connu le péché, (Jésus) il (Dieu) l'a fait devenir péché pour nous, afin que nous devenions en lui justice de Dieu."

Quel est l'opposé du péché? C'est, en un mot, la justice. Voici ici encore l'échange. Jésus a été fait péché avec notre nature pécheresse, afin que nous soyons rendus justes de sa justice.

C'est une pensée stupéfiante qui est hautement biblique! Nous n'atteindrons jamais la justice de Dieu simplement en essayant d'être bons. Il n'y a qu'un seul moyen pour nous de l'appréhender: par la foi. Nous devons croire l'incroyable, à savoir que Jésus a été fait péché de notre nature pécheresse afin que nous devenions justes de la justice de Dieu en lui. Quelle révélation stupéfiante!

Pas seulement sauvés, mais justifiés!

Esaïe 61:10 nous révèle également une belle image de l'échange et ses résultats: "Je me réjouirai avec joie en l'Eternel, mon âme s'égaiera en mon Dieu; car il m'a revêtu des vêtements du salut, il m'a couvert de la robe de la justice, comme un fiancé se pare de son turban et comme une fiancée s'orne de ses joyaux." (traduction Darby) L'auteur ne dit pas: "Je me réjouirai modérément", mais: "Je me réjouirai avec joie en l'Eternel". Le mot pour "réjouir" en hébreu est "sous"; quand vous voulez vraiment insister, vous répétez le verbe "sous asees", "je me réjouirai en me réjouissant" en l'Eternel. Pourquoi? Parce qu'il y a eu une double transaction.

Dieu a d'abord enlevé le vêtement sale de notre péché et il nous a revêtus des vêtements du salut. C'est merveilleux d'être habillé des vêtements du salut! Mais ne vous arrêtez pas là! Dieu veut également nous revêtir du vêtement de la justice. L'une des versions modernes dit: "Il nous a enveloppés dans une robe de justice." Vous pouvez non seulement être sauvé du péché, mais aussi revêtu de la justice de Dieu en Jésus-Christ.

Le mot technique pour cela est "justifié". En langage biblique, "justifié" et "juste" sont issus de la même racine. "Justifié" signifie "rendre juste" ou "fait juste".

Supposons que vous soyez jugé à la Cour suprême de l'univers pour un crime qui mérite la peine de mort. Vous êtes assis, attendant le jugement, et finalement il arrive: non coupable. Croyez-moi, vous seriez drôlement excité! Vous n'iriez pas tranquillement devant le tribunal pour serrer la main du juge et lui dire: "Merci, monsieur le juge, c'était un beau message." Et vous ne diriez pas non plus à votre épouse et à vos amis: "Nous avons eu une belle réunion ce matin." Vous auriez plutôt serré votre femme dans vos bras, tapé dans le dos de vos amis, vous auriez sauté en l'air et crié: "Je ne suis pas coupable! Je suis acquitté! Je suis libre!" Un lourd fardeau serait tombé de vos épaules.

C'est ce que veut dire "justifié". Mon cas a été jugé par la Cour suprême du ciel et cette dernière a rendu son verdict: non coupable. Je suis acquitté, non coupable, rendu juste, justifié, comme si je n'avais jamais péché! Il n'y a rien que le diable puisse pointer du doigt pour m'accuser.

Du temps où je fréquentais régulièrement, en Angleterre, lorsque j'étais jeune, une église anglicane, il ne semblait pas à mon esprit critique d'adolescent que les gens récitant les jolies paroles du livre de prière croyaient vraiment ce qu'elles lisaient. J'avais l'image de l'une de ces dignes femmes qui, sortant de l'église, faisait tomber son mouchoir de dentelle. Je courais derrière elle en lui disant: "Madame, votre mouchoir, vous l'avez laissé tomber." Je m'imaginais qu'elle était davantage excitée par le fait de retrouver son mouchoir que par toutes les choses qu'elle avait dites à l'église! Pourquoi? Parce que ce qu'elle disait et entendait n'était pas réel pour elle.

J'essaie de vous rendre réel le fait que vous êtes justifié. Rien dans les archives du ciel n'apparaît contre vous. Si vous gardez votre position en Christ, Satan ne peut vous accuser de rien.

Se garder de la culpabilité

La première arme de Satan contre l'humanité est la culpabilité. Soyez vraiment vigilant contre quelqu'un ou quelque chose qui pourrait vous faire ressentir de la culpabilité. Cela ne vient pas de Dieu. Le Saint-Esprit "convainc le monde de péché, de justice et de jugement" (Jean 16:8), mais cela est différent de la culpabilité.

Lorsque le Saint-Esprit vous convainc de péché, il dit: "Tu as fait cela. Ce n'était pas bien. Tu as besoin de te repentir et de remettre les choses en ordre. C'est ce que tu dois faire." Une fois que vous avez confessé votre péché, que vous vous êtes repenti et que vous avez fait ce qui était nécessaire pour réparer, l'affaire est close; il n'y a plus d'arrière-pensées ni rien que vous auriez dû faire ou non.

Au contraire, avec la culpabilité, vous ne savez jamais si vous en avez fait assez. Peut-être que quelqu'un pense que vous ne l'avez pas traité correctement et qu'il se sent rejeté, énervé et blessé. Pourtant, peu importe ce que vous dites ou ce que vous faites à cette personne, ce n'est jamais assez. Ce n'est pas l'œuvre du Saint-Esprit, c'est une autre puissance, mauvaise celle-là, d'une source différente.

Soyez donc sur vos gardes avec tout ce qui vous fait vous sentir coupable. C'est un démenti de l'œuvre de la croix – très différente de la conviction spécifique du Saint-Esprit. La culpabilité n'a pas de fin; elle continue encore et encore. Rien de ce que vous faites n'est jamais suffisant. Si Satan persiste dans sa tentative pour vous faire sentir coupable, vous pouvez vous appuyer sur la promesse de Dieu d'Esaïe 54:17: "Toute arme forgée contre toi sera sans effet, et toute langue qui s'élèvera en justice contre toi, tu la condamneras. Tel est l'héritage des serviteurs de l'Eternel, tel est le salut qui leur viendra de moi, dit l'Eternel."

Quelles merveilleuses nouvelles! Rien de ce que le diable complote contre nous ne marchera! Alors du calme! Il peut continuer à utiliser l'arme de la culpabilité contre vous mais, en fin de compte, il échouera.

Remarquez également que Dieu ne dit pas qu'il condamnera toute langue qui s'élèvera contre vous; il dit que c'est à vous de le faire. Vous devez rejeter toutes les accusations de Satan et refuser d'être sous la culpabilité et la condamnation sur le fondement de ce que Jésus a fait pour vous sur la croix. Après tout, ce n'est pas votre justice qui est en jeu, mais celle de Dieu transférée sur vous. Sur ce fondement, vous pouvez rejeter toute accusation contre vous. Vous n'êtes pas coupable. Souvenez-vous de ce vêtement de justice! Peu importe sous quel angle le diable vous aborde. Tout ce qu'il peut voir, c'est la justice de Christ qui vous couvre. Cela est résumé dans Romains 8:1: "Il n'y a donc maintenant aucune condamnation sur ceux qui sont en Jésus-Christ."

Le passage de Romains 8 est l'illustration de la vie contrôlée par l'Esprit. Le verset 1 est l'entrée dans cette vie et il est affirmé qu'il n'y a pas de condamnation. Vous ne pouvez pas vivre une vie contrôlée par l'Esprit tant que vous êtes sous la condamnation, alors vous devez apprendre à la traiter. Dieu dit que vous devez la condamner. Pourquoi? Parce que Jésus a été fait péché de notre nature pécheresse afin que nous soyons rendus justes de sa justice.

Apocalypse 12:10 montre une image du conflit final à la fin des temps, entre le peuple de Dieu et le royaume de Satan: "Et j'entendis dans le ciel une voix forte qui disait: Maintenant, le salut est arrivé, et la puissance, et le règne de notre Dieu, et l'autorité de son Christ. Car il a été précipité, l'accusateur de nos frères, celui qui les accusait devant notre Dieu nuit et jour."

Quelle image incroyable d'événements qui, je le crois, sont encore à venir! Une image de l'accusation perpétuelle devant le trône de Dieu. Satan nous accuse constamment devant le trône de Dieu pour essayer de prouver que nous sommes coupables. Comment vainquons-nous notre accusateur? "Ils (le peuple de Dieu) l'ont vaincu à cause du sang de l'Agneau et à cause de la parole de leur témoignage..." (verset 11)

Lorsque nous témoignons personnellement de ce que la parole de Dieu dit que le sang de Jésus fait pour nous et de ce que Dieu a fait, Satan n'a pas de réponse.

Confesser l'échange

L'une des façons les plus simples et la plus pratique de s'approprier ce que Dieu a fait, comme je vous l'ai dit dans le chapitre précédent, c'est de le remercier et de le confesser de votre bouche. Une fois encore, proclamez le troisième échange sous la forme d'une confession verbale: "Jésus a été fait péché de ma nature pécheresse afin que je sois rendu juste de sa justice. Merci, Jésus, de me rendre juste!"

CHAPITRE SIX

LA VIE AU LIEU DE LA MORT

Nous avons déjà vu trois aspects importants de l'échange divinement ordonné qui a eu lieu quand Jésus est mort sur la croix:

1. Jésus a été puni afin que je sois pardonné,
2. Jésus a été blessé afin que je sois guéri,
3. Jésus a été fait péché de ma nature pécheresse afin que je sois rendu juste de sa justice.

Nous allons maintenant voir le quatrième aspect de l'échange qui est simple et pourtant puissant. Jésus est mort à notre place pour que nous partagions sa vie.

Cela a coûté la vie de Jésus pour que nous puissions recevoir la vie. Il dit, dans Jean 10:10: "Le voleur ne vient que pour dérober, égorger et détruire; moi, je suis venu afin que les brebis aient la vie, et qu'elles l'aient en abondance."

Il y a une énorme différence entre ce que Jésus nous a donné et ce que nous méritons. "Le salaire du péché, c'est la mort, mais le don gratuit de Dieu, c'est la vie éternelle en Jésus-Christ notre Seigneur." (Romains 6:23) Il y a un contraste délibéré entre le salaire et un don gratuit. Le salaire, c'est ce que nous avons gagné pour ce que nous avons fait. Il est juste de le recevoir; celui qui retient votre salaire est injuste. Mais le don gratuit est quelque chose que vous ne pouvez pas gagner. Vous seriez donc stupide de dire: "Tout ce que je veux, c'est la justice." Si vous voulez la justice, Dieu, qui est absolument juste, vous la donnera. La justice exige que vous receviez votre salaire – et votre salaire, c'est la mort.

Loren Cunningham raconte l'histoire d'une femme allant chez le photographe. En regardant les négatifs des clichés qu'elle a fait prendre, elle n'a pas aimé ce qu'elle y a vu. "Ces images ne me rendent pas justice!", a-t-elle dit au photographe. Il lui a répondu: "Madame, vous n'avez pas besoin de justice, vous avez besoin de miséricorde!"

Depuis lors, j'ai réfléchi à cette histoire; parfois, je me dis que je n'ai pas besoin de justice, mais de miséricorde.

La miséricorde, c'est l'alternative à la justice. Si vous refusez votre salaire, vous pouvez recevoir le don gratuit et immérité de la vie éternelle. C'est possible parce que Jésus a accepté le salaire du péché qui nous était dû, le recevant à notre place, comme nous le dit Hébreux 2:9: "Mais celui qui a été abaissé pour un peu de temps au-dessous des anges, afin que, par la grâce de Dieu, il souffrît la mort pour tous." Il a goûté la mort pour vous et moi!

Souvenez-vous que nous avons vu, dans le chapitre trois, que Jésus, qui a goûté la mort pour chaque descendant d'Adam, était le "dernier Adam" (1 Corinthiens 15:45) et le "second homme" (1 Corinthiens 15:47). En tant que dernier Adam, il en a terminé avec tout l'héritage mauvais qui était dû à Adam et à ses descendants, y compris vous et moi. Quand Jésus est mort, il a dit: "Tout est accompli." C'était la fin. Quand il a été enseveli, l'héritage mauvais l'a été avec lui. Il est ressuscité le troisième jour en tant que second homme, le chef d'une nouvelle espèce. Jésus est mort à notre place afin que nous partagions sa vie.

Nous devons regarder dans l'Ancienne Alliance pour comprendre précisément la nature de cet échange.

Dieu a surpayé notre rédemption

J'aimerais développer un concept qui, si vous pouvez le saisir, vous aidera à vous approprier plus de la vie de Dieu et rendra Jésus encore plus précieux pour vous. Pour cela, nous avons besoin de chercher certains mots dans l'Ecriture qui sont traduits par le mot français "vie". Nous voyons les principes de la justice divine établis dans la loi de Moïse.

Une âme pour une autre

Exode 21:23-25 traite d'une blessure injuste faite à une autre personne: "Mais s'il y a un accident, tu donneras vie pour vie, œil pour œil, dent pour dent, main pour main, pied pour pied, brûlure pour brûlure, blessure pour blessure, meurtrissure pour meurtrissure." On devait donner quelque chose d'égale valeur pour remplacer ce qui avait été détruit.

Les traductions obscurcissent parfois le sens des mots, à la fois dans le Nouveau et dans l'Ancien Testament. En fait, dans ce cas, une révélation essentielle de l'Ancien Testament a été obscurcie par la traduction. Regardons les implications du mot vie dans la première phrase, "tu donneras vie pour vie".

Le grec du Nouveau Testament contient trois mots complètement différents, qui sont tous traduits en français dans la plupart des versions par "vie": "psuche", qui est l'âme; "zoe", qui est la vie éternelle; "bios", qui est la vie naturelle. Dans l'hébreu de l'Ancien Testament, il y a un mot très intéressant, "nefesh", qui signifie tout d'abord "âme", "vie" ou "personne". Quand Genèse 2:7 dit que "l'homme devint un être vivant", c'est "nefesh" qui est utilisé. De l'union de l'Esprit de Dieu et de la glaise a émergé quelque chose de totalement nouveau – Adam, une personne, une nouvelle vie, une nouvelle personnalité, un "nefesh".

Quand Exode 21:23-25 dit "donner vie pour vie", l'hébreu dit "nefesh pour nefesh" – âme pour âme. Si, par exemple, une personne est tuée, l'autre âme doit payer le châtiment pour sa vie.

Comparez ce passage avec Deutéronome 19:21: "Tu ne jetteras aucun regard de pitié; vie pour vie..." C'est le même principe; "nefesh pour nefesh", une âme pour une autre âme.

L'âme est dans le sang

Qu'est-ce que l'âme? Lévitique 17:11 nous donne la réponse. Dieu parle par une merveilleuse parole prophétique: "Car l'âme de la chair est dans le sang. Je vous l'ai donné sur l'autel, afin qu'il serve d'expiation pour vos âmes, car c'est par l'âme que le sang fait l'expiation."

Dans la phrase du début, "l'âme de la chair", le mot hébreu est encore une fois "nefesh". Qu'est-ce que cela veut dire? Cela signifie que l'homme possède un esprit, une âme et un corps. Quand l'esprit s'en va, il cesse de respirer. Quand l'âme s'en va, le sang ne coule plus. L'âme de la chair est dans le sang. Dieu dit: "Je vous l'ai donnée – l'âme ou la vie – sur l'autel, afin qu'il serve d'expiation pour vos âmes." Autrement dit, une âme doit faire l'expiation pour une autre âme. Puisque celle-ci réside dans le sang, ce dernier doit être versé dans une expiation – le don d'une vie pour une autre.

Revenons maintenant au grand chapitre de l'expiation d'Esaïe 53. Dans le dernier verset, qui termine la partie sur les souffrances du serviteur du Seigneur, nous lisons ces mots: "C'est pourquoi je lui assignerai une part avec les grands, et il partagera le butin avec les forts, parce qu'il aura livré son âme à la mort, et qu'il aura été compté parmi les transgresseurs, et qu'il a porté le péché de plusieurs, et qu'il a intercédé pour les transgresseurs." (traduction Darby)

Certaines versions utilisent le mot "vie" à la place d'"âme". "Il a livré sa vie à la mort." Mais le mot hébreu est "nefesh". "Ame" est une meilleure traduction. Comment Jésus a-t-il livré son âme à la mort? Il l'a fait à travers son sang. Son âme a été donnée pour toute l'humanité quand Jésus a saigné et est mort sur la croix.

Personnellement, en lisant le récit de la crucifixion, j'ai l'impression que le corps de Jésus était virtuellement vidé de son sang. Ils ont lacéré son dos, ont enfoncé des épines dans sa tête, ont percé ses mains et ses pieds. Il saignait abondamment. Une fois qu'il a expiré, un soldat lui a percé le cœur avec une lance, et il en est sorti de l'eau et du sang. C'était comme si tout le sang de son corps était répandu sur la croix. C'était l'offrande de son âme en tant que dernier Adam pour toute l'espèce adamique.

Apprécier le sang de Jésus

En tant qu'ancien philosophe, je peux accepter des doctrines et les croire; mais, tôt ou tard, je veux qu'elles aient un sens logique. C'est seulement quand j'ai commencé à méditer sur la vérité de l'âme dans le sang que ce concept m'est apparu concret et logique.

Pendant des années, j'ai cru à l'expiation – que Jésus était une offrande pour le péché. Je savais que son offrande amenait le pardon à toute l'humanité. Puis j'ai commencé à méditer sur la façon dont l'âme du Fils de Dieu avait été donnée pour toute l'humanité. J'ai considéré que la vie de Dieu, le Créateur, a infiniment plus de valeur que la vie de toutes les créatures qu'il a jamais créées. L'âme du Fils de Dieu était plus qu'un rachat suffisant pour toutes les âmes de l'espèce humaine. Le Psaume 130:7 dit: "Avec lui la rédemption est abondante." Autrement dit, Dieu n'a pas seulement payé, mais surpayé pour notre rédemption!

C'est le concept qui, si vous le comprenez, va vous rendre Jésus infiniment plus précieux. Son âme, qu'il a donnée sur la croix à travers son sang, était l'offrande qui a racheté toute l'espèce humaine sur le principe que nous venons de voir, celui d'une âme pour une âme.

Nous devons faire très attention sur la façon dont nous parlons du sang de Jésus. J'ai même entendu des pasteurs évangéliques et charismatiques dire: "Le sang était "négatif". Il a simplement payé le prix du péché."

Je ne le crois pas, et je vous exhorte à ne jamais entretenir ce genre de pensée ou à dévaluer le sang de Jésus. Malheureusement, l'Eglise aujourd'hui est perméable à toutes sortes d'enseignements qui ne sont pas bibliques. Certaines dénominations ont même enlevé de leurs recueils de cantiques toute référence au sang de Jésus. Qui est derrière cela? Certainement pas Dieu!

Comme Lévitique 17:11 le dit: "La vie [...] est dans le sang." La vie n'est pas négative n'est-ce pas? La vie est la chose la plus positive qui soit. La vie de Dieu est dans le sang de Jésus, et le ciel tout entier voit avec aversion tout ce qui pourrait le dégrader, parce que tout le ciel a été témoin du sacrifice dans lequel Jésus a versé chaque goutte de son sang de vie.

Je crois encore que, lorsque nous exprimons notre appréciation pour le sang de Jésus, nous attirons le Saint-Esprit. Souvenez-vous de ce beau cantique de Charles Wesley: "Réveille-toi, mon âme, réveille-toi!" Et de cette parole: "Son Esprit répond au sang." Quand nous proclamons la vérité sur le sang de Jésus, le Saint-Esprit dit: "C'est là que je veux être. Ces gens disent des choses que j'ai envie d'entendre."

Se nourrir du sang de Jésus

Dans Jean 6:54-56, Jésus dit: "Celui qui mange ma chair et qui boit mon sang a la vie éternelle, et je le ressusciterai au dernier jour. Car ma chair est vraiment une nourriture et mon sang est vraiment un breuvage; celui qui mange ma chair et qui boit mon sang demeure en moi, et je demeure en lui."

Cette pensée a choqué certains des disciples de Jésus au point qu'ils ne l'ont plus suivi. Elle suscite encore l'hostilité aujourd'hui. Après tout, il y a quelque chose qui nous choque dans le sang. Quand je pense au sang, mon estomac commence à se révulser. Lorsque j'étais petit, je ne pouvais pas regarder le sang sans vomir. Cela m'a pris des années pour venir à bout de cette aversion. Quelque chose en chacun de nous n'aime pas la pensée ou le spectacle du sang.

Certaines choses choquantes sont cependant nécessaires. La croix est un choc; sans elle, il n'y a pas de rédemption, pas d'espérance. Notre espérance dépend entièrement du bénéfice du sang de Jésus.

"Jésus leur dit: En vérité, en vérité, je vous le dis, si vous ne mangez la chair du Fils de l'homme, et si vous ne buvez son sang, vous n'avez point la vie en vous-mêmes." (Jean 6:53) Pourquoi? Parce que la vie est dans le sang. Pour que nous ayons la vie, nous devons nous nourrir de Jésus, nous devons nous approprier ce qui est dans son sang.

La seule personne dans l'univers qui a la vie en elle, c'est Dieu. Aucun d'entre nous n'a la vie en lui-même, puisque aucun d'entre nous n'a l'origine de la vie en lui. Chacun d'entre nous dépend, pour la vie, d'une autre source.

En fait, c'est l'essence même du mot "nefesh". Il décrit la vie qui ne fait pas les choses d'elle-même, mais qui est dépendante. Adam a été fait une âme vivante. Sa vie dépendait du souffle de Dieu insufflé en lui. Comme 1 Corinthiens 15:45 nous le dit: "Le premier homme, Adam, devint une âme vivante. Le dernier Adam est devenu un esprit vivifiant." Dieu a permis à Jésus d'avoir la vie en lui. Jésus donne la vie.

Au tout début de ce chapitre, nous avons remarqué les paroles de Jésus dans Jean 10:10: "Je suis venu pour que mes brebis aient la vie et qu'elles l'aient en abondance." Tous, nous dépendons de Dieu pour notre vie. Le seul canal de la vie éternelle que Dieu nous a donné, c'est le sang de Jésus. Si nous voulons la vie, nous devons reconnaître qu'elle vient à nous à travers le sang de Jésus. Plus vous apprendrez à méditer, à honorer et à vous approprier le sang de Jésus dans votre vie, plus votre vie sera pleine et abondante.

Comment se nourrir du sang de Jésus?

J'ai débuté mon ministère en 1946 en Israël dans ce qui était, à l'époque, un petit village arabe nommé Ramallah. Bien que je ne parle pas couramment l'arabe, c'était la langue que nous utilisions à la maison. C'est ainsi que j'ai appris que, lorsque les Arabes veulent prendre la sainte Cène, ils disent: "Buvons le sang de Jésus." J'ai donc grandi avec l'idée que prendre la sainte Cène, c'était boire le sang de Jésus. Selon moi, c'est l'une des façons de s'approprier la vie de l'âme du Seigneur Jésus qu'il nous a accordée.

Quand Jésus est mort sur la croix, et qu'il a versé son sang, vous voyez, la vie de Dieu a été libérée dans l'univers. Elle est maintenant accordée à tous ceux qui la recevront par la foi en Jésus. Avant, la vie de Dieu avait été confinée en Dieu.

La pensée de ce qui s'est passé quand Jésus est mort sur la croix stupéfie l'esprit humain! La vie entière de Dieu a été libérée dans le sang de Jésus librement répandu, et nous est maintenant accessible uniquement à travers son sang. Il n'y a pas d'autre canal de vie que celui du sang.

Pendant mes vingt ans de mariage avec Ruth, nous avons mené une vraie vie de nomades. Nous voyagions souvent et restions rarement longtemps au même endroit. Nous avons découvert que nous pouvions avoir une certaine stabilité dans nos vies en établissant certaines pratiques et en les respectant chaque jour. L'une d'entre elles, qui nous était très chère, était de recevoir la communion ensemble tous les matins avant de nous lancer dans les activités de la journée. En tant que prêtre de ma maison, je la servais chaque matin à Ruth et nous faisions ensemble cette confession: "Nous te remercions, parce que dans le sang de Jésus nous recevons la vie de Dieu – divine, éternelle, sans fin." C'est ce que je croyais à l'époque, et je le crois toujours.

Confesser l'échange

Voulez-vous proclamer ce quatrième échange dans cette forme de confession verbale?

"Jésus est mort à ma place afin que je partage sa vie. Merci, Seigneur, de me donner ta vie!"

CHAPITRE SEPT

LA BÉNÉDICTION À LA PLACE DE LA MALÉDICTION

Nous allons voir maintenant le cinquième aspect de l'échange à la croix, qui est de passer de la malédiction à la bénédiction. C'est très explicite dans Galates 3:13-14: "Christ nous a rachetés de la malédiction de la loi, étant devenu malédiction pour nous – car il est écrit: Maudit est quiconque est pendu au bois, afin que la bénédiction d'Abraham ait pour les païens son accomplissement en Jésus-Christ et que nous recevions, par la foi, l'Esprit qui avait été promis."

Voici l'échange! Toute malédiction qui aurait dû venir sur nous est allée sur Jésus, afin que nous puissions obtenir toutes les bénédictions qui lui étaient réservées. Jésus a, en fait, été fait malédiction à notre place afin que nous recevions "la bénédiction d'Abraham".

De quelles façons Abraham a-t-il été béni? Genèse 24:1 nous donne la réponse: "Abraham était vieux, avancé en âge; et l'Eternel avait béni Abraham en toute chose." La bénédiction d'Abraham couvre donc tous les domaines de notre vie, et c'est une bénédiction qui nous est réservée à travers la foi en l'échange qui a eu lieu quand Jésus a été fait malédiction pour nous sur la croix.

Pour commencer à analyser la nature des malédictions et des bénédictions, nous devons revenir au début du chapitre dans lequel ce verset clé de Galates 3:1 apparaît: "O Galates, dépourvus de sens! Qui vous a fascinés pour que vous n'obéissiez plus à la vérité, vous, aux yeux de qui Jésus-Christ a été peint comme crucifié?"

Quelques versets plus loin, Paul rappelle aux Galates chrétiens "qui accorde l'Esprit et qui opère des miracles parmi vous" (verset 5). En langage contemporain, nous dirions que c'étaient des charismatiques ou des chrétiens remplis de l'Esprit. Pourtant, Paul dit qu'ils étaient ensorcelés (en anglais). Quelle drôle d'affirmation! Pourquoi dit-il cela? Parce qu'ils avaient perdu la vision de la croix. "Jésus-Christ a été peint comme crucifié", écrit Paul, mais quelque chose leur est arrivé qui a obscurci leur vision de la croix. En fait, une force mauvaise et satanique est venue et a obscurci leur compréhension de la croix. En utilisant le mot "ensorcelé" – en grec "baskaino" –, Paul appelait cette force "sorcellerie".

La tromperie de la sorcellerie

Je ne vais pas faire ici une analyse de la sorcellerie, mais il est important de comprendre que le fait d'être sauvé, rempli du Saint-Esprit ou de voir des miracles ne nous met pas à l'abri de la tromperie. Il est encore possible pour des influences sataniques de se mouvoir parmi les chrétiens dans le but principal de voiler la croix. Si nous perdons notre vision de la croix – la seule fondation pour le plan global de Dieu pour nous –, nous n'avons plus de fondement pour sa provision.

De plus, la croix est l'endroit où Jésus a vaincu Satan et son royaume. "Il a dépouillé les dominations et les autorités", écrit Paul dans Colossiens 2:15. "(Jésus) les a livrées publiquement en spectacle en triomphant d'elles par la croix." Satan ne pourra jamais revenir sur la défaite qu'il a subie à la croix. Sa ruse stratégique consiste donc à maintenir les chrétiens en dehors de ce qui a été accompli.

Paul commence presque toutes ses épîtres en remerciant Dieu de ce qu'il a fait pour les destinataires de sa lettre. Même quand l'apôtre a été obligé de réprouver l'église de Corinthe pour inceste, adultère et ivrognerie à la table du Seigneur, il a commencé sa première épître aux Corinthiens en remerciant Dieu de la grâce qui leur était accordée (voir 1 Corinthiens 1:4). Quand il écrit aux Galates, Paul montre immédiatement qu'il se sent concerné: "Je m'étonne que vous vous détourniez si promptement [...] pour passer à un autre évangile." (Galates 1:6) Quel était le problème? Ce n'était ni l'ivrognerie ni l'immoralité; c'était le légalisme. Paul était beaucoup plus en colère contre le légalisme que contre le péché de la chair.

Deux résultats

Les résultats de la sorcellerie étaient doubles. Ils étaient d'abord devenus **charnels**. Paul a donné aux Galates un sévère avertissement, dans Galates 5:13-24, à propos des œuvres de la chair: immoralité, impureté... La sorcellerie a dû ouvrir la voie à ces péchés de la chair. Ensuite, ayant perdu la vision de la croix, les Galates étaient devenus très **légalistes**; ils cherchaient à parvenir à la justice en gardant toute une série de règles. Laissez-moi vous donner deux définitions simples du légalisme. Le légalisme, c'est premièrement vouloir atteindre la justice de Dieu en respectant toute une série de règles, ce que Dieu a toujours interdit. Il m'est arrivé, une fois, de parler à un grand groupe de chrétiens et de faire cette affirmation banale: "Bien entendu, la chrétienté, ce n'est pas une série de règles." Il m'ont regardé avec étonnement. Je pense que si je leur avais dit que Dieu n'existait pas, ils n'auraient pas été plus choqués. Pourtant, c'est la vérité. La chrétienté, ce n'est pas respecter une série de règles. Ce n'est pas en le faisant que nous accomplissons la justice de Dieu.

Le légalisme, c'est deuxièmement ajouter des conditions à la justice, à ce que Dieu a déjà demandé dans sa parole. Personne n'a jamais été autorisé à rajouter des conditions à sa parole. Elles sont très simples et sont affirmées à la fin de Romains 4: "... à nous qui croyons en celui qui a ressuscité des morts Jésus notre Seigneur, lequel a été livré pour nos offenses, et est ressuscité pour notre justification." Souvenez-vous que "justifié" signifie "comme si nous n'avions jamais péché"! N'oubliez pas le mot "justification"! Il n'y a besoin de rien d'autre, et personne n'a jamais été autorisé à ajouter une condition. L'église des Galates était devenue à la fois charnelle et légaliste. Elle était aussi tombée sous le coup d'une malédiction, ce qui est toujours le cas pour ceux qui se détournent de l'évangile de grâce vers un évangile des œuvres. Paul résume cela dans Galates 3:10: "Car tous ceux qui s'attachent aux œuvres de la loi sont sous la malédiction; car il est écrit: Maudit soit quiconque n'observe pas tout ce qui est écrit dans le livre de la loi, et ne le met pas en pratique."

Quand vous essayez d'accomplir la justice de Dieu en gardant une série de lois et que vous n'en respectez pas une, quelle qu'elle soit, vous vous mettez sous une malédiction. Vous êtes obligé de garder toute la loi tout le temps ou bien elle ne vous permet pas d'être justifié.

L'issue

Heureusement, Paul ne s'arrête pas au problème. Il révèle une façon de se libérer de la malédiction. Si vous aviez en tête l'image de Jésus mourant sur la croix, vous ne voudriez pas être sous la malédiction. Il a été pendu là dans la honte et l'angoisse, abandonné par ses disciples, rejeté par son propre peuple, avec absolument rien dans ce monde, refusé par le ciel, dans les ténèbres surnaturelles, murmurant un cri d'angoisse. Voilà l'œuvre complète de la malédiction.

Le problème, aujourd'hui, est que la majorité des chrétiens n'ont pas une conception claire de ce qu'est une malédiction, comment elle agit ni même comment la reconnaître. Si nous sommes malades, nous savons en général que nous le sommes. Si nous péchons, nous le savons probablement. Quand nous sommes sous une malédiction, nous pouvons ne pas comprendre la nature de notre problème ni comment nous en sortir.

Pourtant, c'est ce qui a été accompli par le cinquième échange divin. Nous pouvons être rachetés de la malédiction parce que, sur la croix, Jésus a été fait malédiction afin que nous en soyons rachetés et que nous entrions dans la bénédiction d'Abraham qui couvre tous les domaines de notre vie.

Je vais maintenant vous donner une image générale d'une malédiction, puis expliquer comment vous pouvez en sortir.

La nature des malédictions et des bénédictions

La nature des malédictions et des bénédictions est un vaste sujet. Je n'ai jamais réalisé combien il était considérable avant de m'y impliquer! J'aimerais aussi dire que, dans ce contexte, les leçons que j'en ai tirées ont eu un impact beaucoup plus puissant sur les gens que n'importe quel autre message que Dieu m'a donné. C'est une révélation qui change la vie.

Les malédictions et les bénédictions sont essentiellement des mots. Ils peuvent être écrits, dits ou simplement pensés, mais ce sont des paroles chargées d'une autorité et d'une puissance surnaturelles comme Proverbe 18:21 nous le dit: "La mort et la vie sont au pouvoir de la langue."

Dans Deutéronome 28, Moïse donne une liste des bénédictions et des malédictions. Les quatorze premiers versets du chapitre énumèrent les bénédictions. Les cinquante-quatre restants, les malédictions. C'est une longue et horrible liste. Aucune personne sensée ne voudrait y avoir part.

Les bénédictions et les malédictions affectent dramatiquement et changent les gens – en bien ou en mal. Elles se perpétuent souvent de génération en génération jusqu'à ce que quelque chose soit fait pour les arrêter. Il y a des bénédictions et des malédictions de la Bible qui ont eu un effet durant pratiquement quatre mille ans et leurs conséquences sont toujours visibles aujourd'hui.

En quoi cela nous concerne-t-il? Parce qu'il se peut qu'il y ait dans notre vie des problèmes dont nous ne trouvons pas l'origine, mais dont nous pouvons trouver la trace dans une histoire précédente, peut-être dans les générations antérieures. Nous nous battons peut-être avec un problème que nous ne savons comment résoudre jusqu'à ce que nous en identifions la nature. Encore une fois, l'une des principales caractéristiques des bénédictions et des malédictions, c'est qu'elles se perpétuent – pas nécessairement pour toujours, mais souvent sur plusieurs générations.

Dans les dix commandements, par exemple, Dieu dit que si nous adorons de faux dieux ou que nous nous faisons des idoles, "il punit l'iniquité des pères sur les enfants jusqu'à la troisième et à la quatrième génération de ceux qui le haïssent" (Exode 20:5). C'est typique d'une malédiction. J'ai vu combien cela était vrai en rencontrant des foules de gens dans le sud-est de l'Asie, dont les ancêtres étaient des adorateurs d'idoles sur deux ou trois générations. J'ai aussi vu la remarquable efficacité de la libération de cette malédiction!

Voici un résumé des bénédictions et des malédictions de Deutéronome 28. Je vous suggère de lire le chapitre pour vous et de décider si vous êtes ou non d'accord avec mon résumé.

Les bénédictions:

1. **Elévation personnelle.** Par cela, je veux dire être élevé, honoré.

2. **La fertilité.** J'utilise ce mot pour décrire une personne qui se reproduit ou qui porte du fruit dans tous les domaines de sa vie, physique, financière, relationnelle ou créative.

3. **La santé.** Nous n'apprécions sans doute jamais autant la bénédiction de la santé que quand nous sommes malades, et nous regrettons de ne pas avoir remercié Dieu davantage pour la bénédiction d'être en bonne santé.

4. **La prospérité ou le succès.** La prospérité, dans la Bible, ne signifie pas la prospérité à l'américaine. Ce n'est pas une vie luxueuse ou une abondance de plaisirs physiques, mais c'est accomplir le dessein de Dieu et réussir à faire sa volonté. Dans Josué 1:8, l'Eternel promet à Josué que, quoi qu'il fasse, il prospérera et il aura du succès. Pourtant, le dirigeant des Israélites a passé les années qui ont suivi en conflits, exposé au danger, dormant à la belle étoile et menant la vie rude d'un soldat en guerre

5. **La victoire.** La bénédiction amène la victoire dans tout conflit dans lequel nous entrons selon la volonté de Dieu.

6. **Etre la tête et non la queue.** Il y a quelques années, j'ai demandé au Seigneur de me dire la différence entre la tête et la queue. Il m'a donné cette réponse simple qui est que la tête prend les décisions et la queue ne fait que suivre. Laissez-moi vous poser la question: Comment vivez-vous? En tant que tête ou en tant que queue? Prenez-vous des décisions? Vos plans sont-ils menés à bien avec succès? Etes-vous victime de pressions, de forces et de circonstances qui vous traînent partout, et vous ne savez pas ce qui va vous arriver?

7. **Etre au-dessus et non en dessous.** Cela va avec le fait d'être la tête et non la queue.

Les **malédictions** de Deutéronome 28 sont à l'opposé des bénédictions:
1. **L'humiliation.**
2. **Echec à porter du fruit, stérilité** (le contraire de la fécondité). Presque invariablement, la stérilité est le résultat d'une malédiction.
3. **La maladie de toutes sortes.** L'une des catégories de maladie qui indique une malédiction est celle que nous nommons "héréditaire", qui se perpétue de génération en génération.
4. **La pauvreté et l'échec.**
5. **La défaite** – tout le contraire de la bénédiction de la victoire.
6. **Etre la queue et non la tête.**
7. **Etre en dessous et non au-dessus.**

Sept indications d'une malédiction

Je vais maintenant vous énoncer sept indications d'une malédiction; c'est en rencontrant les gens et en les observant que j'ai appris cela et c'est sans rapport avec Deutéronome 28 (mais combien il est remarquable de constater comme cela se recoupe!). Si vous avez un seul de ces problèmes, il se peut ou non qu'il s'agisse d'une malédiction. Si vous en avez plusieurs, vous pouvez être presque sûr que vous êtes sous une malédiction.
1. Dépression.
2. Maladie répétées ou chroniques, en particulier si elles sont héréditaires, ce qui est la nature même de la malédiction.
3. Problèmes féminins (stérilité, fausses couches...). Lorsque j'exerce mon ministère envers les malades, et qu'une femme vient me voir avec ces problèmes, je suppose que c'est une malédiction et j'ai rarement tort. J'ai une pile de témoignages de femmes qui ont été complètement libérées de ces problèmes une fois que la malédiction sur leur vie a été annulée.
4. Mariage brisé, mise à l'écart de la famille. Certaines familles ne s'entendent pas. Les maris et les femmes

divorcent, se remarient et souvent divorcent encore une fois. Les enfants eux aussi sont abandonnés par leurs parents.

5. Insuffisance financière. La plupart d'entre nous connaissent des périodes difficiles. Je ne suis pas une exception. Mais si vous vous battez tout le temps, si vous n'avez jamais assez, c'est probablement une malédiction.

6. Etre enclin aux accidents. Si vous êtes de ceux à qui arrivent souvent les accidents – vous ratez le trottoir et vous vous cassez une cheville, vous êtes en voiture et quelqu'un vous rentre dedans –, vous êtes probablement sous une malédiction. Votre expression favorite: "Pourquoi cela arrive-t-il toujours à moi?"

7. Des histoires de suicides ou de morts non naturelles dans une famille.

J'ai une idée de ce qu'est le fait d'être sous la malédiction, puisque Dieu m'a plongé dans le ministère et m'a fait voyager dans de nombreux endroits autour du monde; j'ai vu bon nombre de personnes qui m'en ont donné un parfait exemple.

Une malédiction, c'est comme une ombre sombre du passé. Vous ne savez probablement pas d'où elle vient; peut-être qu'elle a commencé avant vous. Cela peut avoir un rapport avec votre milieu familial. Elle s'étend sur votre vie et vous empêche de voir le soleil de la bénédiction de Dieu. Vous pouvez voir les gens autour de vous dans la lumière, mais vous ne profitez vous-même que rarement du soleil. Il se peut que vous n'ayez aucune idée de ce qui, par le passé, a pu provoquer une telle chose.

Vous pourriez aussi comparer la malédiction à un long bras malfaisant derrière vous. De temps en temps, cette chose malicieuse vous fait trébucher et vous dévie de votre chemin. Vous vous êtes battu pour en arriver à un point dans votre vie où vous pouvez dire: "Ça y est, j'ai les choses en main!" Juste à ce moment, quelque chose se passe et le succès vous file entre les doigts. Vous vous battez de nouveau pour revenir au même point et, une fois encore, la mauvaise chose vous fait trébucher. Cela devient une habitude dans votre vie. Peut-être que, lorsque vous regardez dans la vie de vos parents, de vos grands-parents ou d'autres membres de votre famille, vous reconnaissez le même schéma.

Une malédiction ne rend pas forcément une personne complètement infructueuse. Je me souviens d'une femme que j'avais rencontrée dans le sud-est de l'Asie qui était de lignée royale, qui avait fait des hautes études et qui connaissait le succès dans sa carrière de juge. Elle est venue me voir après mon prêche sur les bénédictions et les malédictions. "Je ne corresponds pas à votre description, m'a-t-elle dit, parce que je ne vis pas dans la défaite. En fait, j'ai eu des réussites." Elle a ajouté: "Je suis frustrée. Je crois en Jésus, mais je n'ai pas l'impression d'avoir les choses que les gens sont supposés avoir quand ils croient en lui."

Après avoir parlé avec elle quelques minutes, j'ai découvert qu'elle descendait d'une longue lignée d'adorateurs d'idoles et je lui ai fait prendre conscience que c'était probablement là la racine du problème. Cela s'est avéré juste. Quand elle a identifié le problème et qu'elle a rempli les conditions de Dieu, nous avons pu chasser la malédiction associée à l'idolâtrie de ses ancêtres.

L'essence d'une malédiction se résume en un mot, qui est **frustration**. Vous pouvez n'avoir aucun succès et être frustré ou vous pouvez réussir et être frustré. Il y a beaucoup de gens qui ont du succès et qui, malgré tout, sont frustrés dans notre monde aujourd'hui.

Qu'est-ce qui provoque une malédiction?

Je vais vous donner huit causes possibles pour qu'une malédiction s'attache à une personne.

L'idolâtrie

La première des causes de la malédiction, c'est l'idolâtrie – qui viole les deux premiers des dix commandements. L'idolâtrie, qui comprend tout le royaume de l'occulte, a inévitablement et invariablement pour résultat une malédiction. Ceux qui explorent l'occulte se tournent vers de faux dieux pour avoir l'aide qu'ils devraient avoir du véritable Dieu, et ils se mettent sous la même malédiction prononcée sur une personne qui fait une idole ou qui adore des faux dieux.

La fausse religion et les sociétés secrètes

La deuxième cause de malédiction, similaire à la première, ce sont les fausses religions et les sociétés secrètes. Toute religion qui rejette la révélation de l'Ecriture, la fonction et la personne unique de Jésus-Christ est, selon les critères bibliques, une fausse religion. Je n'ai pas besoin de vous dire que le monde est rempli de fausses religions. J'inclus les sociétés secrètes, parce qu'une personne qui en rejoint une a fait alliance avec des gens qui adorent de faux dieux. Encore une fois, j'ai rencontré des malédictions relatives à la franc-maçonnerie, et j'en ai conclu cas après cas que toute famille qui s'est engagée dans la franc-maçonnerie est susceptible d'être sous une malédiction.

Une mauvaise attitude envers ses parents

Ephésiens 6:2-3 dit: "Honore ton père et ta mère [...] afin que tu sois heureux et que tu prolonges tes jours sur la terre." Honorer ses parents ne signifie pas être d'accord sur tout avec eux. Ils peuvent se tromper, mais vous devez les traiter avec respect. Une grande majorité de gens aujourd'hui ont probablement une mauvaise attitude envers leurs parents plus que toutes les générations passées dans l'histoire humaine.

Quand des jeunes gens viennent me voir pour avoir de l'aide, je vérifie toujours la relation qu'ils ont avec leurs parents. Vous pouvez être sauvé, manifester les dons de l'Esprit, aller au paradis quand vous mourrez, mais si vous n'avez pas la bonne attitude envers vos parents, cela n'ira jamais bien dans votre vie.

L'injustice envers le faible

La quatrième raison à la malédiction, c'est d'être injuste envers le faible et le délaissé. Dieu est du côté des faibles et des opprimés. L'exemple évident aujourd'hui est celui de l'avortement – prendre délibérément la vie d'un enfant à naître. S'il y a bien un exemple de quelqu'un qui est faible, c'est celui de l'enfant à naître. Selon moi, si vous avez avorté volontairement, vous avez appelé une malédiction sur votre vie.

L'antisémitisme
La cinquième cause de malédiction, c'est de haïr et de mal parler des Juifs. Quand Dieu a appelé Abraham, il a dit: "Je maudirai celui qui te maudira." (Genèse 12:3) Cette promesse a été transmise à travers Isaac à Jacob et à ses descendants. Cela n'ira jamais bien pour quelqu'un ayant une mauvaise attitude envers les Juifs ou qui parle mal d'eux.

L'un des exemples les plus étonnants que je connaisse est celui d'un ami proche, un Arabe palestinien né à Haïfa et qui est maintenant citoyen américain. Il a reconnu que ses ancêtres et lui, aussi loin qu'il pouvait se souvenir, n'avaient eu de cesse de maudire les Juifs. Quand il s'est repenti et qu'il y a renoncé, il a été libéré d'une malédiction. Dieu l'a fait prospérer – spirituellement, dans sa famille et dans ses affaires – d'une façon extraordinaire. Aujourd'hui, il dit franchement aux gens, et à ses compatriotes arabes en particulier, que s'ils veulent la bénédiction de Dieu, ils doivent changer d'attitude envers le peuple juif.

Nos propres paroles
L'une des causes les plus courantes, ce sont les paroles que les gens prononcent sur eux-mêmes: "Je ne ferai jamais rien de bien." "C'est toujours à moi que cela arrive." "Je n'arrive pas à gérer ce genre de situation." Quand vous faite une telle affirmation, vous prononcez une malédiction contre vous-même.

J'ai exercé mon ministère envers de nombreuses personnes qui avaient besoin d'être délivrées d'esprit de mort, parce qu'elles l'avaient attiré en prononçant des paroles comme celles-ci: "J'aimerais mourir. Qu'y a-t-il de bon dans l'existence?" C'est une invitation pour un esprit de mort. "Entre. Je te reçois." Vous n'avez pas besoin de l'inviter plusieurs fois! Je fais allusion à la délivrance d'un esprit de mort vers la fin de ce chapitre. Je ne parle pas de quelque chose d'anodin ou d'insignifiant, mais de ce qui est bien réel.

Les paroles prononcées par des personnes ayant autorité sur nous

Certaines malédictions viennent de personnes ayant une autorité, comme c'est le cas des parents ou du mari. Beaucoup de parents provoquent leurs enfants et prononcent des paroles amères et méchantes, sans considérer les implications. "Tu es si bête!" "Je ne peux pas croire que tu sois aussi maladroit!" "Tu ne feras jamais rien de bien!"... J'ai prié pour des gens de quarante, cinquante ans qui se battaient encore contre les effets de paroles prononcées par un parent quand ils étaient jeunes.

Des commentaires faits par un mari à sa femme peuvent amener une malédiction aussi. Cela peut sembler injuste, mais c'est vrai. Dieu a donné au mari l'autorité sur sa femme. Souvenez-vous ce que Jacob a dit en réponse à une accusation de son beau-père selon laquelle un membre de sa famille avait volé les idoles de Laban: "Mais périsse celui auprès duquel tu trouveras tes dieux." (Genèse 31:32) Il ne savait pas que Rachel, sa femme préférée, les avait volés. Quand, par la suite, elle a donné la vie, elle est morte sous la malédiction de son mari. Bien entendu, elle avait déjà fauté en volant les dieux de son père.

Imaginez un mari disant à sa femme: "Tu ne sais pas cuisiner! Ta cuisine me rend malade. Tu ne seras jamais capable de cuisiner." Même si elle a des talents dans d'autres domaines, elle est une catastrophe dans la cuisine. Même si le mari ne le réalise pas, il prononce en fait une malédiction contre lui-même en disant qu'il est malade à cause de sa cuisine. Il souffrira d'indigestion pour le reste de sa vie! Cela semble humoristique, mais cela arrive vraiment.

Les sorciers

La dernière cause de malédictions, ce sont les sorciers, les shamans ou les tohungas (selon la partie du monde dans laquelle vous vous trouvez). Ce sont des praticiens de la puissance de Satan. Cette puissance est réelle et ces gens peuvent tuer. De fait, beaucoup de personnes meurent par sorcellerie. Des assemblées de sorcières dans presque chaque grande ville des Etats-Unis et dans beaucoup de petites villes prient spécifiquement contre les chrétiens et les couples de serviteurs chrétiens. Leur but suprême est de détruire l'Eglise de Jésus-Christ.

Comme j'ai vécu dans des pays comme la Palestine et le Kenya, où les gens sont spécialistes de la puissance de Satan, je sais que le sorcier est considéré comme un homme de pouvoir que les gens vont voir pour leurs besoins et leurs problèmes. Dans beaucoup de pays, même les chrétiens, s'ils n'obtiennent pas ce qu'ils veulent de Dieu, vont consulter le sorcier.

Comment être délivré

Nous en arrivons maintenant à la délivrance de la malédiction. "Merci, Seigneur, pour l'échange à la croix!"
Chacun des quatre mots clé commence par "re":

Reconnaître
Demandez à Dieu de vous montrer la nature du problème. Tout ce que je viens de dire a pour but de vous aider à reconnaître un problème. Peut-être avez-vous été éclairé et vous reconnaissez maintenant comment vous avez amené une malédiction sur vous, ou vous voyez peut-être un problème qui a commencé avec vos ancêtres.

Se repentir
Si vous êtes vous-même impliqué dans quelque chose de mauvais, repentez-vous. Par exemple, vous avez peut-être été impliqué dans des choses occultes, été voir une voyante, joué avec une planche oui-ja ou étudié des livres d'occultisme. S'il en est ainsi, vous devez vous repentir! C'est peut-être l'implication de vos parents, de vos grands-parents ou de vos ancêtres qui a ouvert la porte à une malédiction dans votre arbre généalogique. Vous n'êtes pas coupable, mais vous souffrez peut-être des conséquences. Afin d'ôter ce péché de votre environnement, repentez-vous pour la personne qui en était responsable.

Renoncer

Faites la déclaration suivante sur la malédiction quelle qu'elle soit: "Ce n'est pas pour moi! J'ai été sauvé par le sang de Jésus. Ma foi est dans l'expiation. Sur la croix, il a pris toute malédiction qui m'était destinée, afin que je reçoive tout le bien qui lui était réservé." Vous allez donc renoncer ou révoquer la malédiction.

Résister

La Bible dit: "Soumettez-vous à Dieu. Résistez au diable et il fuira loin de vous." (Jacques 4:7) Il ne fuira que si vous êtes d'abord soumis à Dieu. Si vous ne l'avez pas fait, il vous rira au nez. Certains chrétiens ont renversé l'ordre; ils se soumettent au diable et résistent à Dieu! Peut-être que vous-même faites cela; vous vous laissez faire par les pressions de Satan et ses attaques, et vous le laissez vous marcher dessus. Cela ne plaît pas à Dieu; ce n'est pas de l'humilité, c'est de l'incrédulité.

Prenez position et résistez! Dites: "Je suis un enfant de Dieu. Cette malédiction ne m'appartient pas. J'ai été racheté par le sang de Jésus. Je suis hors d'atteinte du diable."

Le Psaume 107:2 dit: "Que les rachetés de l'Eternel disent." Votre rédemption n'est pas vraiment efficace tant que vous n'en ferez pas votre témoignage personnel. Souvenez-vous, "ils ont vaincu (Satan) par le sang de l'Agneau et par la parole de leur témoignage" (Apocalypse 12:11). Répétez votre confession à voix haute plusieurs fois. "J'ai été racheté par le sang de Jésus de la main du diable."

Si vous sentez une malédiction de mort sur vous, commencez à proclamer le Psaume 118:17. Je ne peux pas dire le nombre de fois où j'ai proclamé ce verset alors que je me trouvais dans le combat spirituel: "Je ne mourrai pas, je vivrai et je raconterai les œuvres de l'Eternel."

Cette déclaration peut faire toute la différence dans votre vie.

Confesser l'échange

J'aimerais vous aider à appliquer cet échange particulier de la croix dans votre vie. Peut-être sentez-vous un genre de malédiction sur votre vie, et vous croyez que Jésus a été fait malédiction sur la croix afin que vous soyez racheté de la malédiction. Si vous voulez remplir les conditions de Dieu, je vous donne ci-dessous une prière écrite qui couvre toutes les conditions nécessaires pour vous libérer de la malédiction. Dites ces paroles: "Seigneur Jésus-Christ, je crois que tu es le Fils de Dieu et le seul chemin vers Dieu le Père. Je crois que tu es mort sur la croix pour mes péchés et que tu es ressuscité des morts. Je crois que sur la croix tu as été fait péché de ma nature pécheresse afin que je sois rendu juste de ta justice. Tu as été fait malédiction avec toutes les malédictions qui pourraient venir sur moi, afin que je reçoive la bénédiction.

Maintenant, Seigneur, je viens vers toi pour la délivrance de telles malédictions. Je me repens de tout péché qui a pu permettre à cette malédiction de venir sur moi, qu'il soit commis par moi ou par mes ancêtres. Je reçois ton pardon.

Je m'oppose maintenant au diable, à toutes ses pressions et à tout ce qu'il veut faire contre moi. Je lui résiste dans le nom de Jésus. Je refuse de me soumettre davantage à lui. Je me libère maintenant dans le nom de Jésus de toute malédiction sur ma vie. A cause de ce que Jésus a fait pour moi à la croix, dans son nom, je me libère, et je reçois la libération par la foi avec louange et reconnaissance.

Seigneur, je te remercie. Je te loue maintenant. Je crois que tu es fidèle. Je crois que tu fais ce que je t'ai demandé de faire. Je te remets ma vie, pour qu'à partir de maintenant ta bénédiction repose sur moi. Merci, Seigneur Jésus! Merci!"

Prenez maintenant un peu de temps pour le remercier avec vos propres mots. Recevez avec gratitude ce qu'il a fait et ce qu'il continue de faire.

Suivre les étapes pour être libéré d'une malédiction et confesser cet échange divin ne va pas automatiquement résoudre tous vos problèmes à venir. Cela va cependant vous ouvrir un nouvel espace de vie. J'ai rencontré beaucoup de gens qui ont été libérés de malédictions, dont certains avaient dû batailler dur. Le changement n'arrive pas forcément du jour au lendemain. Vous devez vous préparer à continuer à résister au diable et à lui dire: "J'ai rempli les conditions. Tu n'as plus de droit sur moi. Dégage! Un enfant de Dieu arrive. Laisse-le passer!" Quand Satan sait que c'est vraiment cela que vous voulez dire, il se mettra de côté. Alors ne soyez pas déconcerté si vous affrontez des résidus de problèmes. Sachez que vous vous êtes tourné du côté de la lumière et que vous progressez dans la bonne direction. Je veux vous rassurer, il y a de l'espoir!

CHAPITRE HUIT

L'ABONDANCE AU LIEU DE LA PAUVRETÉ

Nous sommes en train d'explorer le sacrifice de Jésus sur la croix – un sacrifice parfait, complet et suffisant qui couvre les besoins de chaque être humain dans ce temps et pour l'éternité. Je vous ai dévoilé la vérité que l'essence du sacrifice était un échange dans lequel tout le mal qui nous était dû est allé sur Jésus afin que le bien qui lui était réservé nous soit accessible. Nous ne pouvons pas le gagner. Comme Ephésiens 2:8 le dit: "C'est par la grâce que vous êtes sauvés, par le moyen de la foi." La grâce couvre tout ce que Jésus a fait pour nous sur la croix.

Nous avons vu cinq aspects de l'échange que nous allons récapituler, afin de bien les garder en mémoire:
1. Jésus a été puni afin que nous soyons pardonnés.
2. Jésus a été blessé afin que nous soyons guéris.
3. Jésus a été fait péché de notre nature pécheresse afin que nous soyons rendus juste de sa justice.
4. Jésus est mort à notre place afin que nous partagions sa vie.
5. Jésus a été fait malédiction afin que nous recevions sa bénédiction.

Nous allons maintenant étudier une autre facette de cet échange divin qui est: "Car vous connaissez la grâce de notre Seigneur Jésus-Christ qui pour vous s'est fait pauvre de riche qu'il était, afin que par sa pauvreté vous soyez enrichis." (2 Corinthiens 8:9)

Nous pouvons articuler cet échange ainsi: Jésus a souffert notre pauvreté afin que nous partagions son abondance.

Etes-vous d'accord pour dire que la pauvreté est une mauvaise chose? Certains chrétiens pratiquent **volontairement** la pauvreté et je respecte leurs convictions. Dans la plupart des cas, la pauvreté n'est pourtant pas un choix, mais une nécessité.

J'ai voyagé dans le monde et j'ai vu la pauvreté dans beaucoup de pays différents; pour moi, elle est une malédiction.

L'alternative à la pauvreté, c'est la richesse – mais je préfère dire "abondance". Je ne crois pas que pour un chrétien le fait de rouler en Cadillac ou en Mercedes, ou de vivre dans une maison avec piscine soit un signe de spiritualité. Cependant, je pense que Dieu offre l'abondance, ce qui signifie le fait d'avoir assez pour nos propres besoins et quelque chose qui reste pour donner aux autres. C'est le niveau de ce que Dieu a prévu.

Dans 2 Corinthiens 9:8, Paul résume le niveau de la provision de Dieu pour ses serviteurs: "Et Dieu peut vous combler de toutes sortes de grâces, afin que, possédant toujours en toutes choses de quoi satisfaire à tous vos besoins, vous ayez encore en abondance pour toute bonne œuvre."

C'est un verset étonnant! Dans le grec original, nous trouvons cinq fois les mots "tout" et "abonder" ou "abondance" deux fois. C'est le niveau de la provision de Dieu pour ses serviteurs. Remarquez que nous ne pouvons la recevoir que par grâce. Ce n'est pas quelque chose que nous méritons ou que nous gagnons. Nous ne pouvons la recevoir que par la foi sur le fondement du sacrifice de Christ pour nous sur la croix.

Si vous êtes comme moi, vous devez mener une bataille mentale pour recevoir cette vérité. Quand j'étais jeune, je n'étais pas très religieux; pendant dix ans, lorsque j'étais à l'école en Angleterre, j'ai été obligé d'aller à l'église huit fois par semaine. A cette époque, j'avais l'impression que les chrétiens devaient s'attendre à être pauvres et misérables. Si vous avez, vous aussi, cette même pensée à cause de votre milieu, vous devez peut-être demander à Dieu de libérer votre esprit de la captivité de la pensée traditionnelle.

Dans le grand chapitre des malédictions et des bénédictions de Deutéronome 28, nous trouvons ces paroles: "Toutes ces malédictions viendront sur toi [...] parce que tu n'auras pas obéi à la voix de l'Eternel ton Dieu [...] pour n'avoir pas servi l'Eternel ton Dieu avec joie et de bon cœur, tu serviras, au milieu de la faim, de la soif, de la nudité et de la disette de toutes choses, tes ennemis que l'Eternel enverra contre toi." (Deutéronome 28:45, 47-48)

Lorsque nous manquons par incrédulité ou désobéissance de servir Dieu avec joie dans notre abondance, Dieu dit que nous allons expérimenter quatre choses qui sont la faim, la soif, la nudité et le manque de tout. Mettez-les ensemble, et qu'obtenez-vous? La pauvreté absolue.

Laissez-moi partager avec vous une révélation que j'ai eue il y a quelques années alors que j'étais en Nouvelle-Zélande. Les gens qui nous avaient invités, ma première épouse et moi-même, nous avaient assuré qu'ils couvriraient toutes nos dépenses. Quand nous sommes arrivés, ils n'avaient pas d'argent pour couvrir nos frais. "Vous devez prêcher pour une offrande", m'ont-ils dit.

Alors que je prêchais sur les versets de la malédiction et de la bénédiction, le Saint-Esprit m'a donné une image mentale de Jésus sur la croix. Il m'a montré que la malédiction de la pauvreté avait été accomplie en Jésus. Il avait faim; il n'avait rien mangé depuis vingt-quatre heures. Il avait soif; l'une des dernières choses qu'il a dites était: "J'ai soif." Il était nu; ils lui avaient enlevé tous ses vêtements. Quand il est mort, il ne possédait absolument rien. Il a été enseveli dans un vêtement et un tombeau empruntés.

En parlant ce jour-là, la vérité m'est venue que, sur la croix, Jésus a ôté la malédiction de la pauvreté. Ce n'est pas qu'il était pauvre. Avant d'aller à la croix, il n'avait pas beaucoup d'argent liquide, mais il a toujours eu ce dont il avait besoin. Quelqu'un pouvant nourrir cinq mille hommes (plus les femmes et les enfants) sur une montagne n'est pas pauvre! Pour utiliser une expression de notre culture contemporaine, Jésus avait la carte de crédit de son Père et elle était honorée partout! Il est faux de suggérer qu'avant d'aller à la croix Jésus était pauvre.

Cependant, sur la croix, Jésus a non seulement enduré, mais il a également ôté la malédiction de la pauvreté. Il n'y a rien qui reste de cette malédiction une fois que vous avez eu faim et soif, que vous étiez nu et dépourvu de tout. On ne peut pas être plus pauvre!

Cette révélation a, quelque part, touché le cœur de ces gens en Nouvelle-Zélande. Ils n'étaient que trois ou quatre cents et n'étaient pas particulièrement riches. Pourtant, ils ont donné si abondamment que cela a couvert tous nos frais à Lydia et à moi pour le reste de notre séjour et pour notre voyage. Ils ont reçu une révélation que, sur la croix, Jésus a ôté la malédiction de la pauvreté afin que nous soyons bénis en abondance.

Trois niveaux de provision

Les trois niveaux de provision sont l'insuffisance, la suffisance et l'abondance. L'insuffisance, cela signifie que vous n'avez pas assez pour ce dont vous avez besoin. S'il vous faut cinq cents francs pour faire des courses et que vous n'en avez que quatre cents, vous n'aurez pas assez. Si vous avez cinq cents francs, vous aurez tout juste de quoi faire vos courses. Si vous avez six cents francs, vous serez dans l'abondance.

Le terme "abondance" vient d'un mot latin signifiant "une vague qui submerge". Vous devriez être quelqu'un ayant une vague de Dieu coulant sur vous.

Pourquoi Dieu veut-il que tous ses enfants soient dans l'abondance? Ecoutez Paul qui s'adresse aux anciens de l'église d'Ephèse dans Actes 20:35: "Je vous ai montré de toute manière que c'est en travaillant ainsi qu'il faut soutenir les faibles, et se rappeler les paroles du Seigneur, qui a dit lui-même: Il y a plus de bonheur à donner qu'à recevoir."

Dieu n'a pas de favoris. Il donne l'abondance afin que non seulement nous recevions, mais qu'également nous donnions et que nous recevions une plus grande bénédiction. Je ne crois pas que Dieu veuille que ses enfants passent à côté de la bénédiction que représente le don.

Donner est une part importante de la vie chrétienne. Cela ne veut pas dire que nous donnons tous de grosses sommes; mais Dieu commande au peuple d'Israël, dans l'Ancien Testament: "On ne se présentera pas à vide devant ma face." (Exode 34:20). Le Psaume 96:8 dit: "Apportez des offrandes, et entrez dans ses parvis." Ne venez donc pas à Dieu les mains vides.

Souvenez-vous que Dieu n'a pas besoin d'un pourboire! Quand le panier des offrandes arrive devant vous, ne cherchez pas dans vos poches pour trouver la plus petite pièce. Ce n'est pas honorer Dieu. Vous n'êtes pas obligé de donner, et, si vous le faites, donnez de façon à l'honorer. Souvenez-vous que donner fait partie de l'adoration. Si nous ne pouvons pas louer quand nous donnons, il vaut mieux ne pas donner du tout.

Durant les cinq ans passés en Afrique de l'Est, j'ai constaté que, quand Dieu touche le cœur des gens, ces derniers aiment donner. L'Ecriture dit que Dieu aime celui qui est hilare en donnant (une traduction littérale de 2 Corinthiens 9:7). J'ai vu des donneurs hilares en Afrique. Etant donné que très peu d'entre eux avaient de l'argent, ils venaient devant avec une offrande de café, de haricots sur leurs têtes. Plus tard, Dieu les touchait encore et ils revenaient devant avec peut-être cette fois des épis de maïs. Puis Dieu les touchait vraiment et ils venaient devant avec un poulet vivant. Quand ils donnaient, ils étaient hilares.

Un plus grand ordre de richesses

Laissez-moi ajouter un mot d'avertissement ou d'équilibre. Si toute votre fortune consiste en une maison, un portefeuille, une Cadillac ou votre petite maison de campagne au bord du lac, souvenez-vous d'une chose, celle que lorsque vous mourrez, vous n'emporterez rien avec vous. Vous entrerez dans l'éternité avec votre âme nue.

Il y a un ordre de richesses plus grand. Dans Proverbe 8:17-18, la sagesse parle – c'est-à-dire la sagesse de Dieu: "J'aime ceux qui m'aiment, et ceux qui me cherchent me trouvent. Avec moi sont la richesse et la gloire, les biens durables et la justice."

Remarquez le mot "durable". Rien de ce que nous avons dans ce monde ne dure. Nous ne pouvons rien prendre avec nous. Alors, quelles sont les richesses qui durent?

Tout d'abord, cela englobe tout ce que nous donnons pour le royaume de Dieu. Jésus dit ceci, dans Matthieu 19:29: "Et quiconque aura quitté à cause de mon nom ses frères ou ses sœurs, ou son père, ou sa mère, ou sa femme, ou ses enfants, ou ses terres, ou ses maisons recevra le centuple et héritera la vie éternelle."

Ce que nous donnons de nous-mêmes au Seigneur devient une richesse éternelle. Le centuple en retour équivaut à dix mille pour cent; c'est un bon taux d'intérêt!

Ce n'est cependant pas toujours par les richesses matérielles que Dieu nous bénit. Paul identifie deux façons dont nous pouvons servir Dieu sur la terre, qui constituent aussi des richesses éternelles: "Car personne ne peut poser un autre fondement que celui qui a été posé, savoir Jésus-Christ. Or, si quelqu'un bâtit sur ce fondement avec de l'or, de l'argent, des pierres précieuses, du bois, du foin, du chaume, l'œuvre de chacun sera manifestée; car le jour la fera connaître parce qu'elle se révélera dans le feu, et le feu éprouvera ce qu'est l'œuvre de chacun. Si l'œuvre de quelqu'un est consumée, il perdra sa récompense; pour lui, il sera sauvé, mais comme au travers du feu." (1 Corinthiens 3:11-15)

Paul donne un exemple de deux genres de service que nous pouvons offrir au Seigneur. L'un est quantitatif, mais pauvre en valeur: le bois, le chaume, la paille. L'autre – l'or, l'argent et les pierres précieuses – se trouve en plus petite quantité, mais résiste au feu et à l'épreuve du temps. Prenez garde de ne pas amasser de grandes quantités de bois, de chaume et de paille, parce qu'un feu vient qui va les consumer en un instant.

Les richesses qui durent sont des vies que nous bénissons avec la vérité de la parole de Dieu et la puissance du Saint-Esprit qui produit le caractère chrétien. Nous édifions donc des hommes et des femmes de Dieu, mais en général pas en grande quantité. Malgré notre terrible tendance, dans l'église, à nous concentrer sur le nombre, la question n'est pas de savoir combien de membres nous sommes à l'église, mais bien combien de disciples elle nourrit. Jésus n'a jamais dit de faire des membres d'église; il nous a enseigné à faire des disciples. J'ai observé, au cours de ma longue vie au service de Dieu, que si vous faites des disciples vous commencerez en général avec un petit nombre comme Jésus lui-même l'a fait. Ce petit nombre se reproduira et, à long terme, vous finirez nombreux et ce sera en qualité et non en quantité.

Une perspective juste

Je termine ce chapitre avec deux passages mettant en valeur la provision de Dieu pour l'abondance. Le premier se trouve dans Proverbe 13:7: "Tel fait le riche et n'a rien du tout , tel fait le pauvre et a de grands biens." Certaines personnes se détournent volontairement des richesses matérielles de ce monde, se rendant pauvres, tandis que dans le royaume spirituel elles ont de grands biens. Je pense que Paul faisait partie de ces personnes.

Son témoignage, dans 2 Corinthiens 6:4, est le second passage. Il commence ainsi: "Mais nous nous rendons à tous égards recommandables comme serviteurs de Dieu." Suit une longue liste de ce que ses compagnons et lui ont expérimenté. La plupart de ces choses ne se trouvent pas dans le curriculum vitae d'un étudiant biblique. Ils se rendaient recommandables par beaucoup de patience, dans les tribulations, dans les privations, dans les détresses, sous les coups, dans les prisons, dans les émeutes, dans les travaux, dans les veilles, dans les jeûnes (voir les versets 4-5).

Paul continue à énumérer d'autres façons dont ses compagnons et lui ont été éprouvés en tant que serviteurs de Dieu: "... comme inconnus quoique bien connus, comme mourants et voici nous vivons; comme châtiés et non mis à mort; comme attristés et nous sommes toujours joyeux; comme pauvres et nous en enrichissons plusieurs; comme n'ayant rien et nous possédons toutes choses." (versets 9 et 10)

La pauvreté est une malédiction. Ce que Dieu a prévu, c'est l'abondance. Ne vous focalisez donc pas uniquement sur le royaume matériel, parce que, quand vous mourrez, cela cessera. A ceux qui ont les bonnes priorités Dieu offre des richesses qui durent.

Proclamer cet échange

Une fois encore, mettons cet échange sous forme de confession verbale: "Jésus a enduré ma pauvreté pour que je partage son abondance. Merci, Jésus, de me donner ton abondance."

CHAPITRE NEUF

LA GLOIRE AU LIEU DE LA HONTE

Nous en arrivons aux deux aspects de l'échange sur la croix qui ont pourvu à la guérison des blessures de la honte et du rejet. Nous avons lu le passage d'Esaïe 53:5 plusieurs fois: "Par ses meurtrissures, nous sommes guéris." C'est vrai dans le royaume physique et aussi dans celui de l'émotionnel.

Il y a diverses blessures émotionnelles, bien sûr, et la guérison de toutes est accordée à travers la croix. La honte et le rejet sont les deux blessures émotionnelles les plus courantes et les plus profondes que l'humanité connaisse.

Commençons par la honte. Quelle est le contraire de la honte? C'est la gloire. Sur la croix, Jésus a souffert de la blessure de la honte jusqu'à l'extrême, afin que nous en soyons guéris. **Jésus a enduré notre honte afin qu'en retour nous partagions sa gloire.** Dans ce chapitre, nous allons parler de la honte de la crucifixion, traiter de quelques-unes de ses causes chez les gens aujourd'hui et discuter comment nous pouvons trouver la guérison.

Je n'ai pas de plus grand privilège dans mon ministère que de voir des gens guéris des blessures de la honte et du rejet. Le remède de Dieu n'est pas de la théorie ou de la théologie; cela fonctionne! Je crois que, si vous acceptez le principe que la guérison est donnée à travers le sacrifice substitutif de Jésus, vous pourrez trouver la guérison. Si vous avez un ministère d'enseignement ou de conseil, vous aurez le privilège de conduire les autres à la guérison.

C'est par les nombreuses années de conseil et de ministère que j'ai appris que la honte est l'un des problèmes émotionnels les plus courants parmi le peuple de Dieu. De plus, les chrétiens ont honte d'avouer aux autres qu'ils ont ce problème. En un sens, la honte vous enferme dans une prison.

Nous allons lire comme fondement biblique Hébreux 2:10: "Il convenait, en effet, que celui (Dieu le Père) pour qui et par qui sont toutes choses, et qui voulait conduire à la gloire beaucoup de fils (c'est-à-dire vous et moi), éleva à la perfection par les souffrances le prince de leur salut (Jésus)."

Dieu a permis à Jésus d'endurer ces souffrances afin que nous entrions dans sa plénitude. Remarquez le plan de Dieu qui est de **conduire beaucoup de fils à la gloire**. Si vous êtes un enfant de Dieu, vous êtes en route pour la gloire. Sur la croix, Jésus a souffert votre honte pour que vous partagiez sa gloire.

Hébreux 12:2 aborde aussi ce thème. Il nous recommande de garder "les regards sur Jésus, le chef et le consommateur de la foi, qui, en vue de la joie qui lui était réservée, a souffert la croix, **méprisé l'ignominie** (la honte) et s'est assis à la droite du trône de Dieu."

Sur la croix, Jésus a enduré la honte – une honte que nous pouvons difficilement imaginer. Cela ne l'a pourtant pas dissuadé. Son esprit était tourné vers la joie qui était devant lui et rien ne pouvait le détourner de son but. La joie qui était devant lui était d'amener beaucoup de fils à la gloire. Afin de vous amener vous et moi, et des millions d'autres comme nous, à la gloire, il a enduré la honte à la croix.

La honte de la crucifixion

Il y a de nombreuses années, ma première épouse et moi nous étions engagés à aider deux femmes juives qui s'étaient enfuies de l'ex-URSS. J'ai eu beaucoup de mal et de problèmes pour les aider. Un jour de grande chaleur, je me plaignais en gravissant une colline à Haïfa, en pensant combien je devais supporter pour ces deux femmes. (Elles étaient, entre parenthèses, vraiment reconnaissantes de mon aide.) Dieu m'a rappelé le verset de 2 Timothée 2:10: "C'est pourquoi je supporte tout à cause des élus (choisis par Dieu), afin qu'eux aussi obtiennent le salut qui est en Jésus-Christ, avec la gloire éternelle."

J'ai réalisé que j'endurais bien peu de choses comparé à ce que Jésus avait enduré sur la croix, et j'ai été grandement humilié.

Il n'y avait pas de façon de mourir plus humiliante que la crucifixion. C'était la forme de châtiment la plus vile réservée aux criminels les plus méprisables. Ils ont enlevé les vêtements de Jésus et il a été pendu nu devant les gens. Les passants se moquaient de lui. Ce qu'il a enduré se résume en un mot, qui est la **honte**. Christ a enduré la honte parce qu'il savait qu'à travers elle il nous conduirait à la gloire.

Le Nouveau Testament nous donne peu d'information subjective de ce que Jésus a subi sur la croix. En fait, nous ne pouvons pas le dire plus courtement. Les quatre récits de l'Evangile disent simplement: "Ils le crucifièrent." Les prophètes et les psalmistes de l'Ancien Testament offrent cependant une merveilleuse révélation de ce qui s'est passé en Jésus.

En revenant au passage d'Esaïe 53, grand chapitre de l'expiation, nous voyons l'emphase faite sur la honte que Jésus a connue: "Méprisé et abandonné des hommes, homme de douleur et habitué à la souffrance (maladies), semblable à celui dont on détourne le visage, nous l'avons dédaigné, nous n'avons fait de lui aucun cas."

Pour moi, cela signifie que nous avons détourné nos yeux de lui, parce que le spectacle était horrible. Le verset précédent dit que Jésus "n'avait rien pour nous plaire". Il avait perdu jusqu'à l'aspect d'un être humain. Toutes ses blessures, ses meurtrissures et ses plaies suintantes étaient exposées à la vue de tous ceux qui le haïssaient, de ceux qui étaient responsables de sa crucifixion, et également des passants oisifs.

Le Psaume 69 est l'un de ces magnifiques psaumes messianiques ne se référant pas simplement à David, qui a écrit et qui prononce ces paroles, mais aussi au Messie lui-même. A partir du verset 8, nous lisons: "Car c'est pour toi que je porte l'opprobre, que la honte couvre mon visage."

Ici, nous comprenons un peu plus ce que Jésus a subi sur la croix. Avez-vous remarqué que les gens qui subissent la honte ont du mal à vous regarder en face? La honte couvrait la face du serviteur souffrant. Aux versets 2 et 3 du Psaume 69, nous en avons encore un aperçu: "Sauve-moi, ô Dieu, car les eaux menacent ma vie (mon âme). J'enfonce dans la boue sans pouvoir me tenir."

Seul et sans soutien, Jésus sombrait toujours plus dans l'horreur visqueuse du péché du monde. Quatre autres versets du Psaume 69 cités dans le Nouveau Testament s'appliquent spécifiquement à Jésus. Premièrement, Jésus cite le verset 5 sur lui-même (voir Jean 15:25): "Ils sont plus nombreux que les cheveux de ma tête ceux qui me haïssent sans cause."

Et, au verset 9: "Je suis devenu un étranger pour mes frères, un inconnu pour les fils de ma mère." Souvenez-vous que le propre peuple de Jésus et même sa famille l'ont rejeté (voir Marc 3:21 et Jean 7:3-5).

Le verset 10 s'applique à Jésus chassant les marchands du temple (voir Jean 2:17): "Car le zèle de ta maison me dévore, et les outrages de ceux qui t'insultent tombent sur moi."

Enfin, le verset 22 s'est accompli quand Jésus a été pendu à la croix (voir Matthieu 27:34, 48): "Ils mettent du fiel dans ma nourriture et pour apaiser ma soif ils m'abreuvent de vinaigre."

Cela n'est jamais arrivé à David, mais l'Esprit du Messie en lui parlait à la première personne de choses que Jésus a expérimentées sur la croix.

Dans 1 Pierre 1:10-11, l'apôtre explique comment les prophètes de l'Ancien Testament ont pu parler à la première personne de choses qui ne leur était jamais arrivées, et qui se sont accomplies dans la vie de Jésus: "Les prophètes qui ont prophétisé, touchant la grâce qui vous était réservée, ont fait de ce salut l'objet de leurs recherches et de leurs investigations, voulant sonder l'époque et les circonstances marquées par l'Esprit de Christ qui était en eux, et qui attestait d'avance les souffrances de Christ et la gloire dont elles seraient suivies."

Regardons maintenant la description de la crucifixion dans Matthieu 27:35, qui cite le Psaume 22:19, autre psaume messianique: "Après l'avoir crucifié, ils se partagèrent ses vêtements, en tirant au sort, afin que s'accomplisse ce qui avait été annoncé par le prophète: **Ils se sont partagé mes vêtements et ils ont tiré au sort ma tunique**."

Je suis émerveillé par la concision des auteurs de l'Evangile qui disent simplement: "Ils le crucifièrent." Ils n'ont pas donné une image de sang et d'agonie. N'importe quel auteur moderne relatant la crucifixion aurait écrit des pages avec force détails.

Mais le Nouveau Testament laisse au Saint-Esprit le soin d'ajouter ce que nous avons besoin de savoir.

Imaginez ces soldats divisant les vêtements de Jésus entre eux. Nous admettons généralement qu'à cette époque les gens avaient quatre vêtements. Comme il y avait aussi quatre soldats, chacun a pris une pièce; mais ils ont tiré au sort pour la tunique sans couture qui était trop belle pour être partagée entre eux. Voyez comme l'Ecriture est précise! Le résultat final, c'est que Jésus a été exposé totalement nu sur la croix.

Que s'est-il passé pour les femmes qui suivaient Jésus? Les trois seules qui sont venues près de la croix étaient sa mère Marie, sa tante Marie, femme de Clopas, et Marie-Madeleine (voir Jean 19:25). Les autres sont restées à distance. Je pense que cela indique encore une fois que Jésus a été exposé nu au monde. Nos belles images de la crucifixion – le montrant en pagne, un peu de sang sur ses mains et ses pieds et une couronne d'épines bien ajustée sur sa tête – ne nous donnent aucune idée de ce qui est arrivé.

Jésus a pourtant subi notre honte pour que nous en soyons délivrés et que nous partagions sa gloire.

Pourquoi les gens expérimentent-ils la honte? Il y a de nombreuses raisons à cela. Les expériences humiliantes du passé sont l'une d'entre elles. Cela arrive souvent à l'école où, pour une raison ou une autre, un élève est montré du doigt par toute la classe. Dans le temps, l'enseignant mettait un bonnet d'âne à l'élève et le mettait au coin. La discipline dans la classe est importante, et cette punition-là expose les élèves à la honte. Un enfant sensible peut être blessé intérieurement pour le reste de sa vie.

Nous pouvons aussi éprouver de la honte à cause de ce que nous avons fait avant de connaître le Seigneur – des choses qui étaient honteuses et dégradantes. Parfois, je me demande comment j'ai pu faire certaines choses.

La cause la plus courante de honte aujourd'hui est peut-être l'abus sexuel subi par les enfants. Les statistiques actuelles en Amérique sont effrayantes. Des études indiquent qu'une fille sur quatre et un garçon sur cinq ont été victimes d'agressions sexuelles avant l'âge de douze ans. Si vous pensez que cela n'arrive pas dans l'Eglise, vous avez tort. Quand j'ai découvert ce qui se passait par-derrière, j'ai eu du mal à supporter ce que je découvrais. Je ne veux pas être négatif, mais les abus sexuels arrivent à des enfants de diacres et de pasteurs. Aucun domaine de l'Eglise n'en est exempt.

Si vous êtes engagé dans le conseil, vous pouvez exercer votre ministère dans le domaine des blessures de la honte – certaines venant d'abus sexuels subis dans l'enfance. Souvenez-vous cependant que ces blessures émotionnelles ont été prises en compte à la croix. C'est pourquoi Jésus y a été exposé nu.

Peut-être que vous-même portez cette blessure de la honte. S'il en est ainsi, laissez le Saint-Esprit s'occuper de vous. Il est si plein de grâce, si tendre, si plein de tact et si sincère. Ne passez pas à côté de cette question. Souvenez-vous de la bonne nouvelle, celle que sur la croix Jésus a subi la honte que chacun de nous aurait dû éprouver. Il l'a endossée, il l'a enlevée, il l'a balayée.

Deux passages dans le livre de Job parlent de lever les yeux vers Dieu. D'abord, Job 11:14-15: "Etends vers lui tes mains, éloigne de toi l'iniquité [...] alors tu lèveras ton front sans tache, tu seras ferme et sans crainte."

J'ai observé autre chose à propos des gens qui se battent contre la honte; ils lèvent rarement leur visage vers Dieu dans la prière. Ils prient la tête baissée. Pourquoi? A cause de la honte. L'une des marques de la honte, c'est de ne pas pouvoir regarder Dieu ou un homme en face.

Job 22:26 décrit ce qui se passe quand une personne est délivrée de la honte: "Alors tu feras du Tout-Puissant tes délices; tu élèveras vers Dieu ta face."

Ce peut être votre expérience!

Confesser cet échange

Comment être guéri de la blessure de la honte? Par la foi. C'est très simple. Remerciez Jésus d'avoir porté votre honte afin que vous en soyez délivré. Le fait de remercier est la plus simple expression de la foi.

Maintenant, enfermez-vous un moment avec Dieu. Priez: "Seigneur, s'il y a de la honte dans mon cœur et dans ma vie qui m'empêche de lever les yeux vers toi, je veux en être libéré, afin d'être sans honte. Je crois que Jésus a porté ma honte afin que je partage sa gloire."

Laissez la présence de Dieu reposer sur vous et vous libérer de l'esclavage de la honte. Levez ensuite les yeux vers Dieu et remerciez-le de vous permettre de partager la gloire de Christ.

Dans 1 Pierre 1:10-11, l'apôtre décrit le résultat de cet échange. En parlant des prophètes de l'Ancien Testament, il dit: "Les prophètes qui ont prophétisé, touchant la grâce qui vous était réservée, ont fait de ce salut l'objet de leurs recherches et de leurs investigations, voulant sonder l'époque et les circonstances marquées par l'Esprit de Christ qui était en eux, et qui attestait d'avance les souffrances de Christ et **la gloire** dont elles seraient suivies."

Rappelez-vous ceci: Jésus a subi votre honte afin que vous puissiez partager sa gloire. C'est le plan de Dieu pour vous – à la fois dans cette vie et dans celle à venir!

CHAPITRE DIX

L'ACCEPTATION AU LIEU DU REJET

Dans le chapitre précédent, nous avons traité de la blessure émotionnelle de la honte. Nous avons vu que **Jésus a subi notre honte afin qu'à notre tour nous partagions sa gloire.** Dans ce chapitre, nous allons traiter du rejet.

Quel est le contraire du rejet? C'est l'acceptation. Voilà l'échange: **Jésus a subi notre rejet afin que nous soyons acceptés de lui.**

J'admets que le rejet n'est pas un sujet contre lequel j'ai dû me battre personnellement. En fait, ma perspective a été opposée. J'ai toujours eu cette attitude (je ne dis pas que c'est la bonne) qui consiste à dire que, si les autres ne m'aiment pas, ce n'est pas mon problème. J'ai appris des choses sur le rejet et je dois dire, avec surprise, que je ne pouvais pas croire ce que les gens pouvaient endurer! En exerçant mon ministère envers ceux qui souffraient du rejet, Dieu m'a enseigné à ce sujet, et j'en suis arrivé à un stade particulier de compassion et de compréhension.

Le rejet peut être décrit comme le sentiment d'être non désiré et non aimé. Je l'ai expliqué ainsi: vous êtes toujours dehors à regarder dedans. Certains entrent parfois, d'autres jamais.

Je ne voudrais certainement pas prendre à mon compte la théologie de Mère Teresa, mais je suis bien d'accord avec son diagnostic sur le problème de fond de l'humanité, qui est que **la pire maladie est de ne pas être aimé.**

1 Jean 4:19 dit: "Nous l'aimons parce qu'il nous a aimés le premier." Comme c'est profondément vrai! Nous ne pouvons pas aimer Dieu tant que son amour n'a pas été réveillé en nous. C'est également véridique pour nous à propos de l'amour humain. Nous sommes incapables d'aimer si cet amour n'a pas été éveillé en nous par celui de quelqu'un d'autre. Une personne n'ayant jamais été aimée ne sait pas comment aimer. Des

multitudes de gens souffrant du rejet veulent aimer, mais en sont incapables parce que l'amour n'a jamais été éveillé en eux.

Les causes du rejet

Le rejet est, je crois, la blessure émotionnelle la plus courante dans notre société contemporaine. Il y a plusieurs raisons à cela. L'une d'entre elles est **la rupture dans les relations familiales**. Chaque bébé naît avec un besoin vital qui est d'aimer et d'être aimé. Un bébé a besoin d'être câliné en sachant instinctivement que vous prenez plaisir à le prendre dans vos bras. Un amour purement abstrait ne satisfera pas ses besoins; l'amour doit être exprimé activement.

De plus je pense que, et les psychologues en sont récemment venus à cette conclusion, pour un enfant, rien ne remplace l'amour d'un père. En aucun cas je ne mésestime l'amour maternel qui est unique, mais, pour un bébé, la sécurité se trouve dans les bras du père. Quand un petit bébé est pris par son père, il semble dire: "Il peut se passer des choses autour de moi, mais je suis en sécurité dans ces bras forts qui me prennent et m'aiment." Cependant, dans notre société contemporaine, à cause des relations familiales qui se sont dégradées, beaucoup de bébés n'expérimentent pas ce genre d'acceptation aimante d'un père.

Parfois le problème vient d'un rejet avant la naissance. Au cours des années, j'ai parlé à des gens qui avaient besoin d'être délivrés d'un esprit de rejet venu sur eux dans le ventre de leur mère déjà. Une femme se battant pour nourrir ses quatre enfants et découvrant qu'elle est de nouveau enceinte n'apprécie peut-être pas du tout cet événement inopportun. Elle manque de temps, d'argent et d'autres ressources pour élever cet enfant. Il se peut qu'elle pense (ou qu'elle dise): "J'aurais aimé ne pas être enceinte. Combien je souhaite que ce bébé ne vienne pas!" Elle n'a pas besoin de le dire à voix haute, parce que le petit être en son sein – et souvenez-vous que c'est une personne – sait qu'il n'est pas le bienvenu. Cet enfant naît, par conséquent, avec un esprit de rejet.

Il y a quelques années, dans le ministère de délivrance, j'ai commencé à remarquer que les Américains d'un certain âge avaient fréquemment besoin d'être délivrés du rejet. Je me suis renseigné pour savoir à quelle époque ils étaient nés. La réponse était 1929, 1930... Etant Anglais, je ne savais pas ce qui s'était passé en 1929; mais quand la plupart des Américains ont entendu 1929, ils ont dit: "Oh! la grande dépression!" Mon esprit a reconstitué ce qui avait dû se passer dans les cœurs de beaucoup d'enfants à naître pendant ces années.

La faillite des mariages est aussi l'une des grandes causes du rejet. La plupart d'entre nous savent que cinquante pour cent des mariages finissent aujourd'hui par un divorce, et les blessures sont généralement ressenties par les deux parties. Certaines femmes s'imaginent qu'elles sont les seules à souffrir, mais ce n'est pas vrai. Un homme peut ressentir le rejet tout aussi profondément.

Esaïe 54:6 s'adresse à Sion et s'applique comme modèle pour toutes les femmes rejetées – et au-delà, à tous ceux qui ont souffert personnellement du rejet: "Car l'Eternel te rappelle comme une femme délaissée et au cœur attristé, comme une épouse de la jeunesse, qui a été répudiée, dit ton Dieu."

Qui peut dire le nombre de personnes dans notre monde aujourd'hui se sentant rejetées à cause d'un mariage brisé? Imaginez une femme qui a tout donné à son mari, déterminée à vivre un mariage heureux, et lui partant avec une autre femme! Je reconnais que je ne peux en aucune manière comprendre ce par quoi elle est passée, me mettre à sa place, ressentir ce qu'elle a vécu. Comme c'est merveilleux que Dieu puisse le faire – et il le fait!

D'autres causes de rejet comprennent même l'apparence physique. La plupart des jeunes femmes d'aujourd'hui doivent être minces pour être populaires, ce qui est ridicule! Une fille peut être un peu plus ronde ou discrète que ses camarades, ou porter des habits pas très à la mode, et se sentir rejetée. Un garçon peut être un peu plus petit ou lent, ou moins bon en sport. Il n'en faut pas plus pour faire de lui une personne rejetée.

Nous pouvons généralement identifier et peut-être nous identifier avec le problème. Regardons maintenant la solution. Une fois encore, Jésus a pourvu car, sur la croix, il a enduré le rejet total.

Le rejet de Jésus sur la croix

Esaïe 53:3 offre une image prophétique de la croix décrite sept cents ans avant que cela se produise: "Méprisé et abandonné des hommes, homme de douleur et habitué à la souffrance (ou à la maladie) semblable à celui dont on détourne le visage, nous l'avons dédaigné, nous n'avons fait de lui aucun cas."

Le serviteur souffrant a été rejeté par les hommes. Jean dit qu'"il est venu vers les siens et les siens ne l'ont pas reçu" (Jean 1:11). Ses propres frères, les enfants de sa mère, l'ont rejeté. Nous voyons aussi cela dans le Psaume 69, psaume messianique que nous avons lu dans le chapitre précédent: "Je suis devenu un étranger pour mes frères, un inconnu pour les fils de ma mère." (verset 9)

Remarquez que cela se réfère aux enfants de ma mère et non pas aux enfants de mon père. Beaucoup de prophéties messianiques parlent de la mère du Messie, et pas du père. La conception et la naisance du Messie étaient bien sûr uniques.

Tous ceux d'entre nous qui ont expérimenté ce genre de rejet ont besoin de réaliser que Jésus lui-même l'a aussi expérimenté. Sa propre famille et son propre peuple l'a rejeté. Seul un pauvre petit groupe de trois femmes se tenaient près de lui à la fin.

Mais ce n'était pas l'acte final. C'était douloureux d'être rejeté par les hommes, mais l'être par son père céleste était l'ultime rejet. Matthieu 27:45-47 nous offre une description des moments intimes de Jésus sur la croix: "Depuis la sixième heure jusqu'à la neuvième, il y eut des ténèbres sur toute la terre. Et vers la neuvième heure, Jésus s'écria d'une voix forte: Eli, Eli, lama sabachthani? c'est-à-dire: Mon Dieu, mon Dieu pourquoi m'as-tu abandonné? Quelques-uns de ceux qui étaient là, l'ayant entendu, dirent: Il appelle Elie.

Ne comprenant pas la langue, ils ont cru qu'il faisait référence au prophète Elie."

Le verset 48 poursuit: "Et aussitôt, l'un d'eux courut prendre une éponge, qu'il remplit de vinaigre et, l'ayant fixée à un roseau, il lui donna à boire."

Par deux fois sur la croix, on a offert quelque chose à boire à Jésus. Marc 15:23 relate qu'on lui a donné du vin mêlé de myrrhe et qu'il a refusé. La myrrhe était un analgésique qui aurait pu, dans une certaine mesure, alléger ses souffrances. Apparemment, il s'était préparé pour endurer l'agonie sans allégement de sa douleur.

Puis, dans ses derniers instants, on donne à Jésus du vin aigre, ou du vinaigre, qui était amer. On a peut-être tenté cela pour l'empêcher de tomber dans l'inconscience. En l'acceptant, Jésus boit symboliquement la coupe amère du rejet jusqu'à la lie. Aucun être humain n'a jamais expérimenté un rejet aussi total que celui de Jésus sur la croix.

Nous lisons, dans les verset 49 et 50: "Mais les autres disaient: Laisse, voyons si Elie viendra le sauver. Jésus poussa de nouveau un grand cri et rendit l'esprit."

Pour la première fois, dans l'histoire de l'univers, le Fils de Dieu a prié sans recevoir de réponse du Père. Pourquoi? Parce que (comme nous l'avons vu dans le chapitre cinq) Christ a été fait péché de notre nature pécheresse et Dieu devait le traiter comme il traite le péché. Dieu devait le rejeter – refuser de l'accepter – et Jésus est donc mort non pas de la crucifixion, mais d'un cœur brisé.

Comment Jésus est vraiment mort

Souvenez-vous que le Nouveau Testament ne nous dit rien de ce qui s'est passé en Jésus, mais que l'Ancien Testament le fait. Revenons au Psaume 69:21-22: "L'opprobre me brise le cœur et je suis malade; j'attends de la pitié mais en vain; des consolateurs et je n'en trouve aucun. Ils mettent du fiel dans ma nourriture et pour apaiser ma soif ils m'abreuvent de vinaigre."

Normalement, la crucifixion n'aurait pas dû provoquer la mort aussi vite. En fait, c'est confirmé dans le Nouveau Testament, dans Marc 15:43-45: "... arriva Joseph d'Arimathée, conseiller de distinction, qui lui-même attendait aussi le royaume de Dieu.

Il osa se rendre vers Pilate pour demander le corps de Jésus. Pilate s'étonna qu'il fût mort si tôt, fit venir le centenier, et lui demanda s'il était mort depuis longtemps. S'en étant assuré par le centenier, il donna le corps à Joseph."

Jésus n'aurait donc, normalement, pas dû mourir si vite. Les deux brigands ont d'ailleurs dû être tués par les soldats. Nous pouvons donc supposer que Jésus n'est pas mort par crucifixion, bien que cela aurait fini par le tuer, mais d'un cœur brisé. Il est important de comprendre cela. Qu'est-ce qui a brisé son cœur? C'est le rejet de son Père, l'ultime rejet. Il a subi cela afin que nous puissions, nous, être acceptés.

Revenons à Matthieu 27:50-51: "Jésus poussa de nouveau un grand cri et rendit l'esprit. Et voici, le voile du Temple se déchira en deux, depuis le haut jusqu'en bas."

Le voile du Temple qui séparait un Dieu saint d'un homme pécheur s'est déchiré en deux, afin que nous puissions être acceptés. Il a été déchiré du haut jusqu'en bas, afin que personne ne puisse penser que l'homme ait pu le faire. C'est Dieu qui l'a fait. Ce voile déchiré est l'invitation du Père à toute personne qui croit en Jésus: "Entre, tu es le bienvenu. Mon fils a souffert ton rejet afin que je puisse t'accepter."

"Béni soit Dieu le Père de notre Seigneur Jésus-Christ qui nous a bénis de toutes sortes de bénédictions spirituelles dans les lieux céleste en Christ! En lui, Dieu nous a élus avant la fondation du monde..." (Ephésiens 1:3-4)

Remarquez que le dernier choix n'est pas le nôtre, mais celui de Dieu. Ne pensez pas que vous êtes sauvé parce que vous l'avez choisi! Vous l'êtes parce que Dieu vous a choisi et que vous avez répondu. Vous pouvez changer d'avis mais pas Dieu.

"... pour que nous soyons saints et irrépréhensibles devant lui..." (verset 4)

Quelle pensée formidable! Si elle n'était pas fondée sur le choix de Dieu, jamais je n'aurais eu la foi de me croire saint et sans tache devant lui dans l'amour. Mais c'est, de toute façon, le choix de Dieu et non le nôtre.

Aujourd'hui, quand nous présentons l'Evangile, nous mettons beaucoup l'accent, à tort, sur le fait que tout dépend de ce que nous faisons. Il est vrai que nous devons choisir, mais nous ne serions pas capables de le faire si Dieu ne nous avait pas d'abord choisis. Vous verrez que vous serez beaucoup plus sûr de vous en tant que chrétien si vous fondez votre relation avec Dieu non pas sur ce que vous faites, mais sur ce que Dieu a fait. Dieu est plus fiable que vous et moi!

"... nous ayant prédestinés dans son amour à être ses enfants d'adoption par Jésus-Christ selon le bon plaisir de sa volonté à la louange de la gloire de sa grâce qu'il nous a accordée en son bien-aimé." (versets 5 et 6)

L'acceptation dans le bien-aimé est l'ultime acceptation! Les traductions modernes uilisent différents mots pour "accepté", mais le terme employé dans Ephésiens, "charitoo", signifie "rendre plein de grâce" ou "gracieux" ou "hautement favorisé". Le même mot est utilisé quand l'ange Gabriel dit à la vierge Marie: "Je te salue, toi à qui une grâce a été faite." (Luc 1:28)

Etre hautement favorisé est bien meilleur qu'être accepté. Comprenez bien que Dieu n'a pas d'enfant de seconde classe. Tous ses enfants sont non seulement les bienvenus, mais à travers Jésus-Christ hautement favorisés. Qui a prévu cela? C'est Dieu!

Accepter l'œuvre de Jésus

Un petit incident a rendu cela réel pour moi il y a quelques années. Je devais prêcher dans un grand meeting et je risquais d'être en retard. En courant pour m'y rendre, j'ai heurté une femme – ou plutôt c'est elle qui m'est rentrée dedans. Comme nous nous relevions après la collision, elle m'a dit: "Oh! Monsieur Prince, j'ai prié que si Dieu voulait que je vous parle il permette que nous nous rencontrions." "Eh bien! nous nous sommes rencontrés! lui ai-je répondu. Mais je ne peux vous accorder que deux minutes, ou bien je serai en retard pour prêcher."

En une minute, elle a commencé à me raconter tous ses malheurs et ses problèmes. A la fin, je l'ai arrêtée: "Je ne peux pas vous consacrer davantage de temps, lui ai-je dit. Dites cette prière avec moi (je ne lui ai pas dit ce que j'allais prier, ni que j'allais diagnostiquer son état. Je l'ai simplement conduite dans une prière qui était à peu près celle-ci): "Seigneur, je te remercie parce que tu m'aimes vraiment, parce que je suis vraiment ton enfant, parce que tu es vraiment mon Père. J'appartiens à la meilleure famille de l'univers. Je ne suis pas indésirable; je ne suis pas rejetée. Je suis acceptée. Tu m'aimes et je t'aime. Merci, Seigneur."

Après cela, nous nous sommes séparés. J'ai fait mon sermon et j'ai oublié l'incident.

Un mois plus tard, j'ai reçu une lettre de cette femme. Après m'avoir décrit l'incident et l'endroit où nous nous étions rencontrés afin que je la remette bien, elle m'écrivait ceci: "Prier ainsi avec vous a complètement changé ma vie. Je suis une personne différente."

Que s'est-il passé? Elle est passée du rejet à l'acceptation. Non pas en faisant quelque chose, en essayant de faire des efforts, en s'améliorant ou en priant davantage; elle a été libérée du rejet simplement en acceptant ce que Jésus avait fait pour elle sur la croix.

Proclamer cet échange

La pire des choses que vous puissiez faire pour des gens qui se battent contre le rejet est de leur dire d'en faire plus et de faire des efforts. Ils ne croiront jamais qu'ils en ont fait assez. Peu importe ce qu'ils ont fait.

Voici une chose merveilleuse: Dieu nous aime individuellement. Il m'aime également, aussi incroyable que cela puisse paraître. En Christ, nous sommes ses enfants. Nous appartenons à la meilleure famille de l'univers. Nous n'avons pas à en avoir honte. Nous ne sommes pas des enfants de seconde classe, ni indésirés. Nous sommes acceptés.

Pour vous approprier ce merveilleux échange, confessez-le de votre bouche: "Jésus a subi mon rejet pour que je puisse être accepté."

Si vous le croyez vraiment, dites: "Merci, Père, parce que tu m'aimes vraiment, et parce que tu as donné ton fils unique pour moi. Tu es mon Père. Le ciel est ma maison. Je fais partie de la meilleure famille de l'univers. Je suis en sécurité dans ton amour et ton soutien inconditionnel. Merci, Seigneur!"

CHAPITRE ONZE

L'HOMME NOUVEAU À LA PLACE DU VIEIL HOMME

Jusqu'à présent, nous avons traité ce que la croix a fait pour nous. Bien entendu, les gens sont contents de cela et beaucoup de chrétiens s'arrêtent là. Leurs prières consistent à demander toujours plus! Leur chrétienté devient superficielle, parce que ce n'est pas là le but final de Dieu.

Nous allons donc voir maintenant un autre aspect de l'œuvre de la croix; non pas ce que la croix peut faire pour nous, mais ce qu'elle peut faire en nous. Nous allons examiner comment Dieu traite le vieil homme. C'est le lien avec la prochaine partie qui parlera de ce que la croix doit faire en nous.

Nous devons d'abord avoir une idée claire de ce qu'est le vieil homme. Il n'est pas, comme vous pourriez le penser, votre père! Le Nouveau Testament parle de deux hommes: le vieil homme et le nouveau. Ils ne sont jamais nommés, jamais prénommés Georges, Henri ou Bill. Pourtant, ce sont deux des plus importants personnages du Nouveau Testament. Le vieil homme est, selon moi, la nature pécheresse que nous avons héritée de notre descendance d'Adam. Certaines personnes l'appellent le "vieil Adam", ce qui est légitime. Adam n'a jamais eu d'enfant jusqu'à ce qu'il se soit rebélé. Tout descendant d'Adam est donc né avec un rebelle en lui. Peu importe votre degré d'intelligence, ou si vous êtes jeune ou âgé. Il y a un rebelle en chaque descendant d'Adam.

Vous pouvez le voir avec les petits enfants. Comme je suis le père adoptif de neuf filles, j'ai quelques expériences en ce domaine. Une petite fille d'environ deux ans est la plus mignonne et la plus douce des créatures. Nous lui donnerions ce que l'on dit "le Bon Dieu sans confession". Mais si vous lui dites: "Viens ici", il se peut qu'elle tourne le dos et s'en aille dans l'autre direction! Même à cet âge le rebelle se manifeste.

La Bible appelle ce rebelle le "vieil homme". Le plan de Dieu est de remplacer ce vieil homme par le nouveau. Nous pouvons donc dire que sur la croix notre vieil homme a été mis à mort afin que le nouveau puisse vivre en nous à sa place.

Dans Matthieu 3:10, le verset qui présente l'Evangile de Jean-Baptiste le précurseur, envoyé pour annoncer Jésus, déclare: "Déjà la cognée est mise à la racine des arbres." Le mot "radical" est dérivé du latin "radix", racine signifiant "qui traite des racines". De tous les messages qui sont jamais parvenus à l'humanité, le plus radical est celui de l'Evangile. Beaucoup de gens en ont une version superficielle, mais Dieu ne coupe pas seulement les branches, il traite les racines.

S'occuper des racines

Quand Dieu m'a conduit dans le ministère de délivrance, je traitais principalement les branches au sommet de l'arbre, c'est-à-dire l'accoutumance ou les péchés évidents de la chair que les gens religieux n'aiment pas. J'ai vite réalisé que toute dépendance est une branche qui grandit à partir d'une branche plus grosse. Si vous coupez seulement les branches de l'accoutumance, vous n'avez pas réglé le problème à la racine. Le problème de fond de toute dépendance, c'est la frustration. Pour traiter cette dernirèe, vous devez découvrir celle qui a permis à l'accoutumance de grandir.

Même les frustrations ne sont seulement que des branches. Pour traiter les problèmes de l'humanité, vous devez aller au-dessous de la surface, à la racine. C'est pourquoi Jean-Baptiste dit: "Déjà la cognée est mise à la racine des arbres." Quelle est la racine? Esaïe 53:6 nous le dit clairement: "Nous étions tous errants comme des brebis, chacun suivait sa propre voie; et l'Eternel l'a frappé pour l'iniquité de nous tous."

Il y a notre problème à la racine, notre rébellion contre Dieu. Il y a un rebelle qui réside en chacun de nous. Ce peut être un rebelle communiste, un rebelle alcoolique, même un rebelle bien religieux, mais c'est toujours un rebelle. Dieu n'a qu'un seul remède pour le rebelle; il ne l'envoie pas à l'école du dimanche ou à l'église, il ne lui enseigne pas de règle d'or, ne lui demande pas de mémoriser l'Ecriture. Il **l'exécute**. L'exécution est la solution de Dieu.

Le message de grâce, c'est que l'exécution a eu lieu en Jésus sur la croix. Selon Romains 6:6-7: "Sachant que notre vieil homme a été crucifié avec lui, afin que le corps du péché soit détruit pour que nous ne soyons plus esclaves du péché; car celui qui est mort est quitte du péché."

Paul ne parle pas de vos péchés passés. Il traite du rebelle qui est en vous maintenant. Vous pouvez aller à l'église, prier et avoir vos péchés pardonnés, mais si vous sortez de l'église le rebelle toujours en vous, vous allez continuer à pécher. Pour être libres de l'esclavage du péché, nous devons faire plus que recevoir le pardon de nos péchés passés; nous devons traiter le rebelle en nous.

C'est là que la mort de Jésus sur la croix entre en jeu. Notre vieil homme a été crucifié avec lui. C'est un fait historique. C'est vrai si vous le savez ou le croyez. Le problème de nombreux chrétiens, c'est qu'ils ne le savent pas. La crucifixion de notre vieil homme avec Christ ne peut fonctionner dans notre vie que si nous le savons et que nous le croyons. C'est ce qui la rend réelle dans notre expérience.

Tout homme chez qui le vieil homme n'a pas été traité est encore esclave du péché. Romains 6:6-7, que nous venons de lire, le dit clairement. Mais la personne qui est morte avec Christ "a été libérée du péché". Le grec utilise le mot "justifié". Une fois que vous avez payé le prix, il n'y a plus rien à payer. La loi ne peut rien vous demander de plus une fois que vous êtes mort: "Or, si nous sommes morts avec Christ, nous croyons que nous vivrons aussi avec lui, sachant que Christ ressuscité des morts ne meurt plus; la mort n'a plus de pouvoir sur lui. Car il est mort, et c'est pour le péché qu'il est mort une fois pour toutes; il est revenu à la vie, et c'est pour Dieu qu'il vit." (versets 8 à 10)

C'est un fait historique. Voici l'explication donnée par le verset 11: "Ainsi vous-mêmes regardez-vous comme morts au péché et comme vivants pour Dieu en Jésus-Christ notre Seigneur."

Vous avez maintenant deux faits et vous devez les appliquer. Notre vieil homme a été crucifié. Dieu l'a fait. Mais vous devez reconnaître que vous êtes mort avec Jésus par la foi. Vous devez le faire. Tant que vous ne le ferez pas, vous continuerez à être esclave de votre vieil homme.

Imaginez le pire genre d'homme – du genre que ceux allant à l'église ne peuvent supporter. Il jure, boit du whisky, fume le cigare, est méchant avec sa femme et ses enfants. Puis les enfants et l'épouse de cet homme deviennent chrétiens. Le samedi soir, ils se glissent hors de la maison pour aller à l'église. En sortant, ils le voient assis dans son siège un cigare à la bouche et une bouteille de whisky sur la table devant lui, regardant des vidéos qu'il ne devrait pas regarder. Il les injurie tandis qu'ils passent près de lui.

Ils passent un merveilleux moment à l'église et reviennent à la maison en chantant des cantiques. Ils arrivent devant la porte, s'attendant à se faire injurier. Mais l'homme ne jure pas. La fumée du cigare fait des volutes au-dessus du cendrier, mais il ne fume pas. Le whisky est toujours dans la bouteille, et il ne le boit pas. Il ne regarde même pas la vidéo qui passe à la télé. Pourquoi? Parce qu'il a eu une crise cardiaque quand les siens sont partis et il est mort. Il est maintenant mort au whisky, mort aux cigares, mort aux injures, mort aux vidéos. Le péché n'a plus d'attrait pour lui, il ne produit plus de réaction en lui. Il est mort.

Nous avons lu l'exhortation de Romains 6:11: "Considérez-vous vous-mêmes comme morts au péché." Qu'est-ce que cela signifie? Cela veut dire que le péché n'a plus d'attrait pour nous, qu'il ne produit plus de réaction en nous, qu'il n'a plus de pouvoir sur nous. Comment cela s'est-il produit? Par la foi en ce que Jésus a fait sur la croix. Notre vieil homme, ce criminel, a été exécuté.

Le remède de Dieu contre la corruption

A Pâques, il y a quelques années, du temps où je tenais des rencontres dans la rue et où je prêchais trois fois par semaine à Londres, j'ai eu un rêve très fort. Je voyais un homme prêcher dans la rue comme je le faisais. Il faisait du bon travail et une foule de gens était autour de lui. Cet homme avait un pied bot et il y avait quelque chose de tordu et de malhonnête en lui. Je me suis demandé qui il était.

Deux semaines plus tard, j'ai eu le même rêve. Dieu doit essayer de me dire quelque chose, ai-je pensé. Je me suis encore une fois demandé qui pouvait bien être cet homme. Sa prédication était correcte, mais il y avait quelque chose de malhonnête en lui. Tandis que je m'interrogeais, Dieu m'a dit ce que Nathan avait affirmé à David dans 2 Samuel 12:7: "Tu es cet homme."

Dieu mettait à jour le vieil homme en moi. J'ai réalisé qu'il était toujours là, même si j'avais été sauvé et que j'étais dans le ministère. Alors j'ai commencé à étudier l'Ecriture et j'ai vu que le remède pour cette nature fausse était la crucifixion. Comme c'était le temps de Pâques, j'avais une image mentale des trois croix sur la colline de Golgotha. La croix du milieu était plus haute que les deux autres. Comme je méditais sur cela, le Saint-Esprit m'a dit: "Maintenant, dis-moi pour qui était la croix du milieu. Réfléchis avant de répondre." J'ai réfléchi un moment, puis j'ai dit: "Elle était pour Barrabas." "D'accord. Au dernier moment, Jésus a pris la place de Barrabas." "Oui. Il l'a fait." "Mais je croyais que Jésus avait pris ta place." "Oui, c'est vrai." "Alors tu dois être Barrabas."

A ce moment-là, je l'ai vu. J'étais le criminel pour qui la croix avait été dressée. Elle me correspondait exactement. Elle était faite à ma mesure. Mais Jésus a pris ma place; mon vieil homme a été crucifié avec lui. Incroyable, mais vrai!

Regardez l'image du vieil et du nouvel homme dans Ephésiens 4:22-24 où Paul exhorte ses lecteurs à "se dépouiller du vieil homme qui se corrompt par les convoitises trompeuses à être renouvelés dans l'esprit de votre intelligence, et à revêtir l'homme nouveau, créé selon Dieu dans une justice et une sainteté que produit la vérité".

Remarquez que Paul parle à des gens qui sont déjà sauvés, et il leur dit de se dépouiller du vieil homme et de revêtir l'homme nouveau. Ce n'est pas quelque chose qui arrive quand nous sommes sauvés, mais que nous devons faire après être sauvés.

Paul dit que le vieil homme expérimente une corruption progressive à cause des convoitises trompeuses qui sont en lui.

Mais l'homme nouveau, selon lui, a été créé "dans une justice et une sainteté". Voici une traduction qui serait meilleure: "L'homme nouveau a été créé selon le modèle de Dieu dans la justice et la sainteté de la vérité", c'est-à-dire que la sainteté procède de la vérité. Nous ne pouvons recevoir que lorsque nous reconnaissons la vérité sur nous-mêmes, c'est-à-dire la véritable nature du vieil homme en nous.

Dans chaque vie humaine, il y a deux forces qui travaillent en s'opposant: la tromperie et la vérité. Le vieil homme est le produit du mensonge du diable. Adam et Eve ont cru à son mensonge: "Vous ne mourrez pas! Vous serez comme Dieu." Quand ils se sont ouverts au mensonge de Satan, cela a produit en eux la corruption. Le mot clé pour décrire le vieil homme est donc "corrompre".

Le nouvel homme, au contraire, est créé à neuf par Dieu. Il est une nouvelle création en Christ. Il est le produit de la vérité de la parole de Dieu qui produit justice et sainteté. Le remède de Dieu à la corruption est donc de crucifier le vieil homme qui est le produit du mensonge et de créer en nous un nouvel homme qui est le produit de la vérité.

Remarquez la différence entre le mensonge du diable et la vérité de Dieu. La vérité de Dieu, à travers la nouvelle création, produit en nous justice et sainteté. Au contraire, le produit du mensonge du diable – le vieil homme – est absolument corrompu moralement, physiquement et émotionnellement.

Dieu m'a montré il y a des années que la corruption est irréversible. Une fois qu'elle est présente, vous pouvez la ralentir, mais il n'y a pas moyen de l'arrêter. Prenez, par exemple, un beau fruit comme une pêche. Elle semble parfaite, mais il y a de la corruption à l'œuvre en elle. Si vous la laissez sur la table de la cuisine pendant une semaine, elle devient jaune, desséchée et peu appétissante. Pourquoi? Parce que la corruption était en elle. La solution moderne est de mettre cette pêche quand elle est mûre au réfrigérateur. Mais le réfrigérateur ne va pas arrêter la corruption, simplement la ralentir.

Beaucoup d'églises sont comme un réfrigérateur. Elles ne changent pas la corruption, elles la ralentissent simplement. La seule façon de changer une personne est de faire d'elle une nouvelle créature.

Dieu ne fait pas de bricolage et ne réforme pas le vieil homme, il ne l'améliore pas, ne l'éduque pas. Il le met à mort. Une nouvelle créature prend place, et elle est le produit de la vérité de Dieu. "Si quelqu'un est en Christ, il est une nouvelle créature." (2 Corinthiens 5:17)

Nature de la nouvelle créature

Pour terminer notre analyse du nouvel homme en échange du vieux, regardons brièvement à la nature de la nouvelle création. L'apôtre Pierre écrit à des chrétiens nés de nouveau: "... puisque vous avez été régénérés non par une semence corruptible, mais par une semence incorruptible par la parole vivante et permanente de Dieu." (1 Pierre 1:23)

La nature de la semence détermine la nature de la vie qui sort de vous. Si vous semez une graine d'orange, vous n'obtiendrez pas une pomme. Si vous êtes né en tant que personne naturelle semence corruptible, vous aurez une vie corruptible – une vie sujette au processus de corruption. Si vous êtes né de nouveau de la semence incorruptible, vous jouirez d'une vie incorruptible parce qu'il est impossible pour la semence incorruptible de produire une vie corruptible. Le mot clé pour décrire la nouvelle nature est "incorruptible".

Quelle est la semence qui engendre le nouvel homme et qu'est-ce qui le rend incorruptible? C'est celle de la parole de Dieu qui produit une vie incorruptible.

Lisons Jacques 1:18: "Il nous a engendrés selon sa volonté par la parole de vérité." Remarquez que le nouvel homme est le produit de la vérité. La vérité de la parole de Dieu engendre en nous une nature incorruptible.

Qu'est-ce que cela signifie par rapport à notre tendance au péché? 1 Jean 3:9 dit: "Quiconque est né de Dieu ne pratique pas le péché parce que la semence de Dieu demeure en lui; et il ne peut pécher, parce qu'il est né de Dieu."

Derek Prince est né de nouveau de Dieu il y a environ cinquante-neuf ans au moment où j'écris ces lignes. Cela veut-il dire que Derek Prince n'a jamais péché après son salut? Je peux vous affirmer que ce n'est certainement pas le cas! Pourtant le verset dit: "Il **ne peut** pécher." J'en conclus que Jean ne parle pas d'un individu, mais du nouvel homme dans l'individu. Parce qu'il est né d'une semence incorruptible, le nouvel homme est incapable de pécher.

J'aime le passage de 1 Jean 5:4: "Parce que tout ce qui est né de Dieu triomphe du monde." C'est à la fois un quiconque et un tout. L'apôtre Jean ne parle pas de Jacques, de Bill, de Georges, de Marie ou de Jeanne, mais du nouvel homme produit en nous par la parole de Dieu. Encore une fois, la semence incorruptible produit une nature incorruptible. Cela signifie-t-il qu'une fois nés de nouveau nous ne pouvons plus pécher? Non. Tout dépend de la nature que nous laissons nous contrôler. Le vieil homme ne peut s'empêcher de pécher. Le nouvel homme ne peut pas pécher. Ce que vous faites dépend de ce qui vous contrôle.

Une personne qui n'est pas née de nouveau ne peut s'empêcher de pécher, parce que sa nature profonde la pousse à le faire. Une personne née de nouveau a le choix. Si nous permettons à la nouvelle nature de garder le contrôle, nous ne péchons pas. Si nous permettons à la vieille nature de garder le contrôle, nous péchons.

Réclamer cet échange

Quoi que vous fassiez, n'essayez pas de faire que le vieil homme se comporte de façon religieuse! Cela ne fonctionne pas! Voilà la solution de Dieu: "Mon vieil homme, le rebelle, le corrompu, a été crucifié en Jésus afin que je sois délivré de cette nature mauvaise et corrompue et qu'une nouvelle nature puisse venir en moi à travers la parole de Dieu et prendre le contrôle de ma vie."

Dans les quatre prochains chapitres, nous allons examiner ce que la croix est supposé faire en nous. Que nous péchions ou pas, que nous soyons dans la victoire ou la défaite dépend de la mesure selon laquelle nous permettons à la croix de faire son œuvre en nous.

TROISIÈME PARTIE

CINQ ASPECTS DE LA DÉLIVRANCE

CHAPITRE DOUZE

LA DÉLIVRANCE DU SIÈCLE PRÉSENT

Dans les chapitres précédents, nous sommes partis en voyage pour découvrir ce qui a été accompli pour nous par le sacrifice de Jésus-Christ sur la croix. Nous pouvons résumer nos découvertes sour la forme de ces neuf échanges divins comme suit:

1. Jésus a été puni pour que j'obtienne le pardon.
2. Jésus a été blessé pour que je sois guéri.
3. Jésus a été fait péché de ma nature pécheresse afin que je sois rendu juste de sa justice.
4. Jésus est mort à ma place pour que je reçoive sa vie.
5. Jésus a été fait malédiction afin que je reçoive la bénédiction.
6. Jésus a souffert ma pauvreté afin que je partage son abondance.
7. Jésus a porté ma honte afin que je partage sa gloire.
8. Jésus a subi mon rejet afin que je sois accepté par lui.
9. Mon vieil homme a été crucifié en lui afin que le nouvel homme puisse vivre en moi.

Nous allons maintenant nous aventurer dans un nouveau domaine, qui est ce que Dieu veut que la croix fasse en nous. C'est différent de ce que Jésus a fait sur la croix pour nous. Nous ne jouirons jamais des bénéfices permanents de ce qui a été accompli pour nous si nous ne permettons pas à la croix de faire en nous ce que Dieu a ordonné. Presque tous les problèmes assaillant l'Eglise à la fois collectivement et individuellement sont dus au fait que nous n'arrivons pas à laisser la croix faire son œuvre en nous.

Regardons une fois encore le problème dans l'église de la Galatie, la chair exprimée dans le légalisme. Paul était plus peiné par ce problème qu'il ne l'avait été du péché de l'église de Corinthe. Il était plus facile de le traiter que cette version fallacieuse de la chrétienté.

La lettre de Paul aux Galates a été écrite non pas comme un traité théologique, mais dans l'urgence pour traiter d'une situation concrète. Dans Galates 3:1, nous notons l'avertissement de Paul: "O Galates dépourvus de sens! Qui vous a fascinés (ensorcelés), vous aux yeux de qui Jésus-Christ a été peint comme crucifié?"

Les Galates remplis de l'Esprit avaient été ensorcelés. Qu'avait fait la sorcellerie? Elle avait obscurci la vision de Jésus-Christ crucifié qui est le seul fondement de la provision de Dieu pour nous. Une fois la croix obscurcie, nous ne pouvons plus profiter de la provision de Dieu.

Satan aveuglait aussi les chrétiens de la Galatie sur le Christ crucifié qui est le fondement de sa défaite totale. Sur la croix, Jésus a administré à Satan et à son royaume une défaite totale, éternelle et irréversible. Satan ne peut rien faire contre ce fait glorieux que d'aveugler les yeux de l'Eglise (il est très zélé pour cela!).

Ce qui m'a béni, c'est que la lettre de Paul aux Galates ne présente pas seulement le problème, mais aussi la solution pour l'Eglise qui a perdu la vision de la croix.

Les Galates énoncent à mon sens cinq délivrances successives qui ont eu lieu quand nous avons permis à la croix de faire son œuvre en nous. Encore une fois, je ne parle pas de ce que Jésus a fait pour nous sur la croix. "Merci, Seigneur, pour cela!" Mais ne vous arrêtez pas là. Il y a une œuvre à faire en chaque chrétien, à travers la croix pour traiter nos problèmes à la racine. Voici cinq délivrances rendues possibles grâce à la croix:

1.   La délivrance de ce présent siècle mauvais.
2.   La délivrance de la loi.
3.   La délivrance du moi.
4.   La délivrance de la chair.
5.   La délivrance du monde.

Nous allons regarder la première délivrance dans ce chapitre et le reste au cours de cette partie.

Que savons-nous de ce présent siècle?

Une chère sœur m'a un jour donné un tee-shirt noir avec, écrite en blanc, cette inscription: "Soyez un chrétien radical." Laissez-moi vous encourager à adopter cette attitude pour la suite.

La première délivrance a eu lieu dans Galates 1:3-4 et elle est radicale: "Que la grâce et la paix vous soient données de la part de Dieu le Père et de notre Seigneur Jésus-Christ, qui s'est donné lui-même pour nos péchés, afin de nous arracher du présent siècle mauvais, selon la volonté de notre Dieu." Avez-vous réalisé que le but de Dieu à travers la croix est que nous soyons délivrés de ce présent siècle mauvais?

Certaines traductions mélangent les mots "siècle", ou "âge", et "monde". L'un des termes grecs pour "siècle" est "cosmos", d'où nous tirons les mots "cosmonautes" et "cosmologique". "Cosmos" est un terme sociologique dans le Nouveau Testament qui décrit les gens d'une certaine catégorie. Nous parlerons de notre délivrance du cosmos, du système mondial actuel dans le chapitre quinze.

Quand Paul parle, ici, de la délivrance du présent siècle mauvais, il utilise l'autre mot grec pour siècle, "aeon", qui signifie "une période étendue de temps", "une période dont la longueur n'est pas déterminée". Le temps dans l'Ecriture est mesuré en siècles, ou âges, et en générations. Chaque siècle contient un certain nombre de générations. L'une des phrases les plus belles dans la Bible est "à jamais", qui devrait en fait se traduire par "de siècles en siècles". Nous n'avons pas seulement des siècles, mais l'éternité consiste en siècles fait de siècles.

Je voudrais souligner un certain nombre de faits sur le présent âge, ou siècle, qui nous permet de comprendre pourquoi nous avons besoin d'en être délivrés.

Nous n'en faisons pas partie

Nous n'appartenons pas à ce siècle. Nous sommes des gens d'un autre siècle. On parle beaucoup en ce moment du nouvel âge, mais les chrétiens sont en fait les gens d'un nouveau siècle. Nous vivons dans ce siècle, mais nous appartenons au siècle du futur. Si nous vivons vous et moi comme si nous appartenions pour toujours à ce siècle, nous avons manqué tout le dessein de Dieu.

Il arrive à sa fin

Le siècle présent n'est pas permanent et arrive à sa fin. Beaucoup de passages le suggèrent.

Dans Matthieu 13:39, par exemple, en parlant de l'ivraie semée dans le blé, Jésus dit: "L'ennemi qui l'a semée, c'est le diable; la moisson, c'est la fin du monde (siècle); les moissonneurs, ce sont les anges." Dans Matthieu 13:40, Jésus dit: "Il en sera de même à la fin du monde (siècle)." Et au verset 49: "Il en sera de même à la fin du monde (siècle)."

Beaucoup d'autres passages indiquent que ce siècle arrive à sa fin. Si vous ressentez la même chose que moi, vous direz: "Merci, Seigneur!" Je ne peux envisager de pire avenir que la continuité de ce siècle présent avec toute sa misère, ses maladies, son obscurité, son ignorance, sa cruauté et ses guerres. "Merci, Seigneur, parce que cela ne va pas durer éternellement!"

Il a un dieu malfaisant

Dans 2 Corinthiens 4:3-4, Paul parle de personnes qui ne peuvent pas voir l'Evangile: "Si notre Evangile est encore voilé, pour ceux qui périssent, pour les incrédules dont le dieu de ce monde a aveuglé l'intelligence..." Qui est le dieu de ce monde? C'est Satan. Pourquoi ce siècle est méchant? Tout simplement parce qu'il a un dieu malfaisant.

Nous savons que Dieu peut détrôner Satan, mais ce n'est pas son plan. Satan restera le dieu de ce monde tant que ce monde continuera. Le plan de Dieu est d'en finir avec ce siècle. Quand ce siècle aura pris fin, Satan ne sera plus un dieu. Il le sait très bien et c'est pour cela qu'il fait tout ce qui est en son pouvoir pour empêcher ce présent siècle d'arriver à son terme.

Réalisez-vous que l'une des raisons pour lesquelles Satan n'apprécie pas du tout l'Eglise est parce qu'elle est l'instrument de Dieu pour amener ce siècle à son terme? C'est l'une de nos plus grandes responsabilités, parce que ce siècle ne peut se terminer tant que nous n'avons pas fait ce que nous devons faire. Faire quoi? Voici les ordres de marche donnés par Christ à l'Eglise: "Cette bonne nouvelle du royaume sera prêchée dans le monde entier pour servir de témoignage à toutes les nations. Alors viendra la fin." (Matthieu 24:14)

Satan n'a pas peur des politiciens, des commandants militaires ou des académiciens, mais de ceux qui prêchent l'Evangile du Royaume. Satan s'oppose à la prédication de l'Evangile du Royaume parce que lorsque cela sera accompli, ce siècle se terminera et il ne sera plus un dieu. Les chrétiens qui croient en la Bible sont ceux qui l'effraient le plus.

Se laisser entraîner nous rendra stériles

L'auteur de l'épître aux Hébreux parle de gens qui ont eu des expériences spirituelles et qui ont choisi de revenir en arrière, qui ont renié leurs expériences et Jésus. Notez les cinq expériences que ces personnes ont connues et que nous lisons dans Hébreux 6:4-6: "Car il est impossible que ceux qui ont été une fois éclairés (première expérience), qui ont goûté le don céleste (deuxième expérience), qui ont eu part au Saint-Esprit (troisième expérience), qui ont goûté la bonne parole de Dieu (quatrième expérience) et les puissances du siècle à venir (cinquième expérience) – et qui sont tombés – soient encore renouvelés et amenés à la repentance."

Beaucoup de gens aujourd'hui (je crois que j'en fais partie) ont connu ces expériences. Ayant été éclairés, ayant goûté le don céleste et la parole de Dieu, ayant eu part au Saint-Esprit, nous avons goûté la puissance du siècle à venir. L'une des raisons pour lesquelles Dieu permet ces choses est afin de nous dégoûter des puissances de ce siècle. Dieu veut que nous expérimentions des choses si différentes et tellement supérieures, afin que nous ne soyons plus attirés par les puissances de ce monde. Malheureusement, je ne vois pas cela arriver chez beaucoup de chrétiens.

Dans Matthieu 13:22, par la parabole du semeur, Jésus interprète les différents types de sols et les résultats produits par les semences. Il parle en particulier de celui qui reçoit la semence parmi les épines: "Celui qui a reçu la semence parmi les épines, c'est celui qui entend la parole mais en qui les soucis du monde et la séduction des richeses étouffent cette parole et la rendent infructueuse."

Comme le mot pour "monde", ici, n'est pas "cosmos" mais "aeon", l'expression "les soucis du monde" serait mieux traduite par "les tracas de ce siècle". Comme la tromperie des richesses, les gens croient que les richesses vont les rendre heureux. Jamais. Certaines des personnes les plus malheureuses de ce monde sont parmi les plus riches. Autre tromperie des richesses, celle de penser qu'elles vont toujours durer. Pourtant, quand vous quittez cette vie, vous partez sans rien avec vous.

Si vous êtes préoccupé par les problèmes de ce siècle, vous deviendrez un chrétien stérile et la parole de Dieu ne fera pas son œuvre en vous. Vous dites peut-être: "Pourquoi est-ce que je ne vois pas plus de résultats? Pourquoi n'ai-je pas davantage de réponses à la prière? Pourquoi est-ce que je n'arrive pas à conduire des gens au Seigneur?" Il se peut que ce soit parce que vous êtes préoccupé par les soucis de ce monde – la réussite financière, le prestige, la reconnaissance intellectuelle, un style de vie élégant. Ce genre de préoccupations vous rendront strérile.

Vivez-vous comme si ce monde allait toujours durer? Il ne durera pas. Il y aura une fin à la misère, à la honte, au crime et à la colère lors de la venue du Seigneur Jésus. Rien d'autre ne résoudra ces problèmes. L'Eglise avait deux mille ans pour le faire et nous n'avons fait que peu de progrès. En fait, il y a encore plus de misère, plus de guerres, plus de maladies, plus de pauvreté et plus d'ignorance dans le monde d'aujourd'hui que jamais avant. "Merci, Seigneur, Jésus revient bientôt!"

Conforme ou transformé?

En tant qu'ancien philosophe professionnel, je crois que l'épître aux Romains est la plus merveilleuse démonstration de logique jamais écrite par un être humain. Vous ne devez jamais vous sentir intellectuellement inférieur parce que vous croyez la Bible! Aucun autre ouvrage sur la terre ne peut rivaliser avec elle en ce qui concerne sa clarté et son exactitude.

La plupart des commentateurs sont d'accord pour dire que les chapitres 1 à 11 de l'épître aux Romains sont le cœur doctrinal de l'Evangile. Pourtant, Paul ayant énoncé toute la théologie de la mort en sacrifice de Christ, finit en énonçant ses résultats pratiques dans la vie. (A aucun endroit du Nouveau Testament la théologie n'est séparée de la vie.)

L'apôtre Paul en arrive au point où il met en pratique la théologie de Romains 1 à 11: "Je vous exhorte donc, frères par les compassions de Dieu..."

Qu'est-ce que Paul veut que vous fassiez après toute cette merveilleuse doctrine? Devrez-vous être très spirituel, étudier davantage ou aller à des séminaires? "... à offrir vos corps comme un sacrifice vivant [...]; ne vous conformez pas au siècle présent (littéralement âge), mais soyez transformés par le renouvellement de l'Esprit." (Romains 12:1-2)

Combien la Bible est concrète! Alors que vous devenez superspirituel, Dieu dit: "Je veux ton corps sur l'autel, sans réserve. Une fois que tu l'auras abandonné, je renouvellerai ton esprit."

Dieu ne vous change pas de l'extérieur vers l'intérieur, il le fait de l'intérieur vers l'extérieur. La religion vous nettoie de l'extérieur, vous habille de nouveaux vêtements et vous dit que vous ne devez pas boire ceci ou manger cela. Dieu vous change de l'intérieur. Si vous pensez différemment, vous vivrez différemment. Dieu ne s'intéresse pas au changement extérieur qui ne touche pas la nature intérieure. Si vous voulez un esprit renouvelé, vous devez présenter votre corps. Dieu ne renouvellera pas votre esprit sur un autre fondement. "Ne soyez pas comme les gens de ce siècle, dit Paul, ne pensez pas comme eux; n'agissez pas comme eux. Vous devez avoir des priorités différentes et vous centrer non pas sur ce qui est temporel, mais sur ce qui est éternel."

Cela ne veut pas dire que vous soyez déconnecté de la réalité, parce que ceux qui se concentrent sur l'éternel à la lumière de la parole de Dieu sont les gens les plus pragmatiques de la terre. Ce sont ceux qui obtiennent des résultats.

Dans ce passage final, nous voyons Paul presque à la fin de son ministère, abandonné par certains de ses amis, vieil homme assis au fond d'une froide prison attendant un procès injuste et l'exécution. Est-ce cela le succès selon les critères du monde? Ce ne sont même pas ceux de l'Eglise! Je suis sûr que Paul a dû verser des larmes en informant Timothée que son collaborateur en qui il avait confiance, Démas, qui avait été avec Paul pendant plusieurs années, l'"a abandonné par amour pour le siècle présent" (2 Timothée 4:10). Paul a fait confiance à Démas, et ce dernier est parti. Pourquoi? Parce qu'il a aimé le siècle présent.

Vous ne pouvez pas aimer ce siècle présent et être fidèle à Jésus-Christ. Merci au Seigneur parce qu'il a pourvu à travers la croix à un moyen de délivrance de ce présent siècle mauvais!

CHAPITRE TREIZE

LA DÉLIVRANCE DE LA LOI ET DE L'EGO

Dans le chapitre précédent, nous avons vu la délivrance de ce siècle présent et mauvais. Dans celui-ci, nous allons voir deux autres délivrances sur les quatre que Paul mentionne. Lisons Galates 2:19-20 où nous voyons, à propos de ces délivrances: "Car c'est par la loi que je suis mort à la loi, afin de vivre pour Dieu. J'ai été crucifié avec Christ et si je vis ce n'est plus moi qui vis, c'est Christ qui vit en moi; si je vis maintenant dans la chair, je vis dans la foi au Fils de Dieu, qui m'a aimé et qui s'est livré lui-même pour moi."
La première délivrance ici est celle de la loi; la seconde celle du moi. Elles sont intimement liées.

Se libérer de la loi

Beaucoup de chrétiens n'ont jamais compris notre besoin d'être délivrés de la loi. Le rapport du chrétien à la loi est le thème le plus négligé de la théologie du Nouveau Testament. Beaucoup de chrétiens parlant d'être sous la grâce vivent dans une sorte de clair-obscur, à mi-chemin entre la grâce et la loi, sans bénéficier des avantages de l'une ou de l'autre.
C'est délicat à dire, mais j'ai remarqué que les églises portant le mot "grâce" dans leur nom ont souvent des membres qui en savent très peu sur le sujet. Dans de nombreux cas, même si nous avons souvent déclaré que nous n'étions plus sous la loi de Moïse, nous avons remplacé celle-ci par nos propres lois religieuses stupides. Paul dit que la loi de Moïse était sainte et bonne, donnée par Dieu (voir Romains 7:12). Si cette loi, donnée par Dieu, ne pouvait pas nous rendre parfaits, aucune autre loi ne l'aurait pu. C'est stupide de croire le contraire.
Par les expressions "sous la loi" ou "sujet à la loi", nous voulons dire **"essayer d'atteindre la justice de Dieu en observant un système de lois"**. Nous ne voulons pas dire que nous

n'obéissons plus à la loi, mais simplement **que notre justice devant Dieu ne peut être atteinte en observant un certain nombre de règles**.

Examinons la première délivrance. Je cite Paul: "Par la loi, je suis mort à la loi."

L'ultime chose que la loi puisse faire est de vous exécuter. Une fois que vous avez été exécuté, elle ne peut plus rien vous réclamer. Ce qui est glorieux, c'est que j'ai été exécuté en Christ. Mon vieil homme a été crucifié avec lui. Je ne suis plus soumis à la loi, je suis en dehors de la zone dans laquelle elle opère. Je suis dans une nouvelle zone.

Paul dit donc: "Car c'est par la loi que je suis mort à la loi, afin de vivre pour Dieu." Afin de vivre pour Dieu, je dois me libérer de la loi. Tant que je ne suis pas mort à la loi, je ne peux pas vivre pour Dieu. C'est une affirmation étonnante, mais c'est exactement ce que dit le Nouveau Testament. Lisons Romains 6:6-7: "... notre vieil homme a été crucifié avec lui, afin que le corps du péché soit détruit pour que nous ne soyons plus esclaves du péché; car celui qui est mort est quitte du péché."

Il n'y a pas d'autre façon d'échapper à l'esclavage du péché (comme nous l'avons déjà dit) que d'éradiquer cette vieille nature adamique charnelle. Comme je l'ai déjà affirmé dans le chapitre onze, une traduction plus appropriée de la dernière phrase serait: "Celui qui est mort est justifié du péché." Autrement dit, une fois que nous avons payé le prix par la mort, la loi ne peut plus rien exiger de nous. Je suis justifié, acquitté, chassé du territoire dans lequel la loi avait des droits sur moi.

Lisons Galates 3:10-12, qui est écrit à des gens ayant expérimenté la grâce, qui ont été sauvés, baptisés dans le Saint-Esprit et été témoins de miracles. Même après tout cela, ils ont décidé qu'afin de devenir parfaits ils devaient commencer à garder la loi. Paul les traite de fous. Puis il souligne, au verset 10: "Car tous ceux qui s'attachent aux œuvres de la loi sont sous la malédiction; car il est écrit: Maudit soit quiconque n'observe pas tout ce qui est écrit dans le livre de la loi et ne le met pas en pratique."

Une fois que vous vous êtes engagé à garder la loi comme moyen d'atteindre la justice, vous devez garder toute la loi tout le temps. Si vous péchez contre un point à un moment donné, vous êtes sous une malédiction. C'est ce que la loi elle-même dit dans Deutéronome 27:26: "Maudit soit celui qui n'accomplit pas les paroles de cette loi et qui ne les met pas en pratique!"

Puis Paul continue, aux versets 11 et 12: "Et que nul ne soit justifié devant Dieu par la loi, cela est évident, puisqu'il est dit: Le juste vivra par la foi; or la loi ne procède pas de la foi; mais elle dit: Celui qui mettra ces choses en pratique (celui qui garde tous les commandements tout le temps) vivra par elles."

La simple alternative est affirmée dans Habakuk 2:4: "Le juste vivra par la foi."

Nous avons deux possibilités. Nous pouvons vivre par la loi et, si nous la transgressons, nous venons sous la malédiction, ou nous pouvons vivre par la foi, ce qui n'est pas vivre par la loi. Ces deux alternatives s'excluent mutuellement. Vous ne pouvez pas avoir le beurre et l'argent du beurre. En fait, ce que vous aurez, c'est le pire des deux!

Vivre par la loi ou par la foi?

Est-ce que j'essaie de garder la loi afin d'être juste pour Dieu ou est-ce que je me repose sur le fait que je crois en la mort et en la résurrection de Jésus-Christ pour moi?

Nous devons revenir un moment à l'épître aux Romains, qui donne la théorie, tandis que celle des Galates donne l'application pour les gens qui n'ont pas digéré la théorie: "Car le péché n'aura plus de pouvoir sur vous, puisque vous êtes non sous la loi, mais sous la grâce." (Romains 6:14)

C'est sûrement une bonne nouvelle! Mais les implications sont incroyables. Si vous êtes sous la loi, le péché vous dominera. La raison pour laquelle le péché n'a plus besoin de dominer sur vous est que vous n'êtes plus sous la loi, mais sous la grâce. Une fois encore, ce sont deux alternatives qui s'excluent mutuellement. Vous êtes sous la loi ou sous la grâce, mais pas sous les deux à la fois.

Nous lisons les mêmes alternatives dans Romains 7:6: "Mais maintenant nous avons été dégagés de la loi étant morts à cette loi sous laquelle nous étions retenus de sorte que nous servons dans un esprit nouveau et non selon la lettre qui a vieilli."

Remarquez que Paul ne dit pas ici que nous sommes délivrés du péché ou de Satan, mais de la loi. Où sommes-nous morts? Nous le sommes sur la croix. Quand Jésus est mort, il l'est à notre place. Si nous n'avons pas été délivrés par la mort de la loi, nous ne pouvons pas servir dans un esprit nouveau.

Pour illustrer ce point, imaginez que vous planifiez un voyage vers une destination inconnue. Vous avez deux possibilités, celle de prendre une carte ou celle de demander un guide personnel. La carte est parfaite, elle est absolument fiable; d'un autre côté, le guide connaît déjà le chemin, il n'a pas besoin de consulter la carte. La carte est comme la loi. Personne n'est encore jamais arrivé à la destination de la justice en suivant la carte de la loi, et pourtant des millions de gens ont essayé. Les statistiques sont contre vous! D'un autre côté, le Saint-Esprit s'offre lui-même comme guide personnel pour vous conduire à destination. Lequel allez-vous choisir? Prendrez-vous la carte, trébuchant et finissant par tomber dans un précipice, rejoignant ainsi les cadavres de millions de personnes qui ont essayé avant vous, ou demanderez-vous au Saint-Esprit de vous conduire?

Le Saint-Esprit connaît déjà le chemin, il n'a pas besoin de carte. En fait, c'est lui qui a fait la carte!

Etre conduit par le Saint-Esprit

Si vous êtes conduit par le Saint-Esprit, vous devez y être sensible et cultiver une relation avec lui. Lisons deux passages: "Car tous ceux qui sont conduits par l'Esprit de Dieu sont fils de Dieu." (Romains 8:14)

Le temps employé ici indique la continuité. Le verset serait mieux traduit ainsi: "Car ceux qui sont régulièrement conduits par l'Esprit de Dieu sont fils de Dieu."

Le mot grec pour "fils" ne fait pas référence aux bébés, mais à des enfants matures. Quand vous êtes né de nouveau du Saint-Esprit, vous devenez un bébé spirituel. Il n'y a qu'une seule façon de passer de l'enfance à la maturité, se laisser guider par le Saint-Esprit. Que devez-vous faire pour devenir un fils de

Dieu mature? Vous devez être conduit par le Saint-Esprit. Nous savons qu'il n'y a pas d'autre moyen.

Le second passage se trouve dans Galates 5:18: "Si vous êtes conduits (encore une fois régulièrement conduits) par l'Esprit, vous n'êtes point sous la loi."

Avez-vous compris? Nous venons de voir que la seule façon d'aller vers la maturité spirituelle est d'être conduits par l'Esprit. Nous voyons maintenant que, si nous sommes régulièrement conduits par l'Esprit et que donc nous devenons mûrs, alors nous ne sommes plus sous la loi. Vous ne pouvez pas mélanger la loi et l'Esprit. Vous devez prendre une décision incroyable et qui fait peur. Je ne ferai plus confiance à une série de règles pour devenir juste. Je me confierai simplement à l'Esprit pour me conduire.

Voici la question angoissante: "Si j'arrête de faire confiance à des règles, que va-t-il se passer? Vais-je me tromper? " Laissez-moi vous rassurer. Le Saint-Esprit ne vous conduira jamais à faire quelque chose de mauvais. Pouvez-vous lui faire confiance? C'est votre sécurité!

Laisser Jésus prendre les choses en main

Avant de traiter la deuxième délivrance, laissez-moi vous redire que nous n'avons que deux possibilités d'atteindre la justice: par les œuvres ou par la grâce. L'une est la loi et l'autre la foi. L'une consiste à respecter des règles, l'autre à être conduit par le Saint-Esprit. Saviez-vous que le judaïsme orthodoxe comporte six cent treize commandements? La plupart des juifs orthodoxes confessent (pas publiquement, mais en privé) qu'ils n'en respectent que trente-deux. La voie de Dieu pour la justice, ce n'est pas la bagarre, c'est l'abandon. A qui est-ce que je m'abandonne? Je m'abandonne, à travers le Saint-Esprit, à Jésus en moi. Jésus est ma justice, ma sagesse, ma sainteté, ma rédemption.

Je me souviens de l'histoire d'une femme grandement admirée pour sa sainteté. Quelqu'un lui a un jour demandé: "Sœur, que faites-vous lorsque vous êtes tentée?" "Lorsque le diable frappe à la porte, je laisse Jésus répondre", a été sa réponse.

Le succès ne s'obtient pas en vous confrontant au diable avec vos propres forces, mais en laissant Jésus œuvrer et prendre en charge la situation. Ce n'est pas se battre, c'est s'abandonner. Non pas l'effort, mais l'union. Jésus a dit: "Je suis le cep, vous êtes les sarments." (Jean 15:5) Les ceps produisent-ils des raisins en respectant des règles? Vous pouvez agiter toutes les règles devant un cep pour qu'il porte du fruit, il ne s'inquiétera même pas de les regarder. Un cep porte des raisins parce que la vie du cep coule dans ses sarments.

Par cette image simple, nous pourrions dire que le cep représente Jésus et la sève qui coule d'elle vers les branches est le Saint-Esprit.

Si nous nous laissons couper de Jésus, nous sommes en danger. Tant que nous demeurons en lui, nous sommes bien.

Mourir à nous-mêmes

La deuxième délivrance se trouve encore dans Galates 2:20: "J'ai été crucifié avec Christ, et si je vis ce n'est plus moi qui vis, c'est Christ qui vit en moi." La délivrance peut ici s'exprimer en cinq mots: "Non pas moi, mais Christ." Nous devons être délivrés de notre moi.

Le moi n'arrêtera jamais de nous harceler: "Je suis important. Regarde-moi. Aide-moi. Prie pour moi. Guéris-moi. J'ai besoin d'aide maintenant." Les gens centrés sur eux-mêmes et sur leurs problèmes deviennent esclaves de leurs problèmes. Plus ils se focalisent sur eux-mêmes et sur leurs problèmes, plus ils deviennent égocentriques, et plus ils sont esclaves de leur moi.

L'alternative, c'est Christ. "Non pas moi, mais Christ." C'est une décision que vous devez prendre. "J'abdique. A ma place, je laisse Jésus œuvrer et prendre le contrôle." Beaucoup de gens essaient de suivre le Seigneur, mais ils n'ont jamais fait ce premier pas.

Cela est clairement dit dans Matthieu 16:24: "Alors Jésus dit à ses disciples: Si quelqu'un veut venir après moi (me suit, vit comme moi), qu'il renonce à lui-même, qu'il se charge de sa croix et qu'il me suive." Vous ne pouvez pas suivre Jésus tant que vous n'avez pas fait ces deux choses, c'est-à-dire renoncer à vous-même et prendre votre croix.

Que signifie le fait de renoncer à soi-même? Le mot "renoncer" signifie "dire non". Renoncer à soi-même, c'est dire non à votre moi. Le moi dit: "Je veux", et vous dites: "Non." Le moi dit: "Je sens", et vous dites: "Ce que tu sens n'est pas important; c'est ce que Dieu dit." Vous devez vous détourner de ce moi en vous, puis vous devez prendre votre croix. J'ai entendu deux bonnes définitions de la croix. Premièrement, la croix est l'endroit où votre volonté et celle de Dieu vont se croiser. Deuxièmement, la croix est l'endroit où vous mourez. Dieu ne mettra pas la croix sur vous. Vous devez la prendre de votre plein gré.

Jésus a dit, sur le chemin de la croix: "Personne ne me l'ôte (la vie) mais je la donne de moi-même." (Jean 10:18) C'est aussi vrai pour vous quand vous suivez Jésus. Personne ne peut vous ôter la vie. Le pasteur ne peut pas le faire, l'église non plus. Il n'y a que vous qui puissiez décider le prendre votre croix et de mourir dessus. Quand Christ est mort, vous êtes mort: "Je suis crucifié avec Christ." C'est la fin de votre ego. C'est alors seulement que vous pourrez suivre Jésus.

Jésus s'est humilié lui-même

Un merveilleux passage de l'Ecriture montre ce qui est concrètement en jeu dans cet échange: "Ayez en vous les sentiments qui étaient en Jésus-Christ, lequel, existant en forme de Dieu, n'a pas regardé comme une proie à arracher d'être égal avec Dieu, mais s'est dépouillé lui-même, en prenant une forme de serviteur, en devenant semblable aux hommes; et après s'être trouvé dans la situation d'un homme, il s'est humilié lui-même, se rendant obéissant jusqu'à la mort, même jusqu'à la mort de la croix." (Philippiens 2:5-8)

Dans les deux versets suivants, Paul décrit comment Jésus s'est humilié lui-même à travers sept étapes, descendant toujours plus bas, jusqu'à sa mort sur la croix:

1. **"Il s'est dépouillé lui-même."** Le grec dit qu'"il s'est vidé". Charles Wesley a dit qu'il s'était vidé de tout, sauf de l'amour.

2. **Il a pris "la forme d'un serviteur".** Il aurait pu encore être un ange et serviteur, mais il devait encore descendre.
3. **Il est devenu "semblable aux hommes".** Il a pris notre nature humaine.
4. **Il s'est "trouvé dans la situation d'un homme".** Pour moi, cela veut dire que lorsqu'il est apparu dans les rues de Nazareth, rien ne le distinguait des autres êtres humains autour de lui.
5. **Il s'est "humilié lui-même".** Il n'était pas seulement un homme, il était un homme humble. Il n'était pas un prêtre, pas un dirigeant, mais un charpentier.
6. **Il a été "obéissant jusqu'à la mort".** Il n'a pas seulement vécu comme un homme, il est aussi mort comme un homme.
7. **Il est mort de l'ultime mort, "la mort de la croix".**

Dieu a élevé Jésus

Les trois versets suivants que nous lisons dans Philippiens 2:9-11 décrivent les sept façons dont Dieu a élevé Jésus: "C'est pourquoi aussi Dieu l'a souverainement élevé et lui a donné le nom qui est au-dessus de tout nom, afin qu'au nom de Jésus tout genou fléchisse dans les cieux, sur la terre et sous la terre, et que toute langue confesse que Jésus-Christ est Seigneur à la gloire de Dieu le Père."

Remarquez le "aussi" du début. Pourquoi Dieu a-t-il élevé Jésus? Parce qu'il s'est humilié lui-même. Jésus a dit que "celui qui s'abaisse sera élevé" (Matthieu 23:12). C'est le chemin garanti pour l'élévation. Dieu a pris la responsabilité des conséquences. Plus vous irez bas, plus vous finirez haut. Votre part, c'est de descendre; la part de Dieu, c'est de vous élever.

Voici les sept étapes de l'élévation de Jésus:

1. Dieu l'a souverainement élevé.
2. Dieu lui a donné le nom qui est au-dessus de tout nom.
3. Au nom de Jésus, tout genou fléchira.
4. Tout dans le ciel fléchira.
5. Tout sur la terre fléchira.
6. Tout sous la terre fléchira.

7.   Toute langue confessera que Jésus-Christ est roi à la gloire de Dieu le Père.

Remarquez le parfait parallèle des versets de ce passage. Paul s'est-il assis dans sa cellule pour imaginer quelque composition élaborée? Non, il a été inspiré par le Saint-Esprit!

Pour monter, il faut descendre

Bien que Christ "n'ait pas regardé comme une proie d'être l'égal de Dieu" (Philippiens 2:6), une autre personne a considéré que l'égalité avec Dieu devait être atteinte. Lucifer est monté, a glissé et est tombé. Jésus s'est abaissé et a été élevé.

L'évangéliste américain D.L. Moody a dit une fois: "Quand j'étais jeune prédicateur, je croyais que Dieu gardait ses dons sur des étagères. Les meilleurs dons étaient tout en haut et je devais m'élever pour les atteindre. Plus tard, j'ai découvert que les meilleurs dons sont sur les étagères les plus basses et que je dois me baisser pour les prendre."

La leçon pour nous est celle-ci: pour monter, il faut s'abaisser; pour vivre, il faut mourir. Non pas moi, mais Christ. C'est une décision. Dieu a rendu le choix possible, et vous devez prendre personnellement la décision.

Pour voir le résultat pratique de ce concept, revenons aux versets de Philippiens 2:3-4 qui précèdent immédiatement ce grand passage: "Ne faites rien par esprit de parti ou par vaine gloire, mais que l'humilité vous fasse regarder les autres comme étant au-dessus de vous-mêmes. Que chacun au lieu de considérer ses propres intérêts considère aussi ceux des autres."

J'ai dit, dans le chapitre précédent, que presque tous les problèmes affectant l'Eglise collectivement et individuellement sont dus au fait que nous ne laissons pas la croix faire son œuvre en nous. Je crois aussi que la plupart des problèmes dans l'Eglise, et particulièrement dans les ministères qui sont, par exemple comme Paul le dit ici, l'ambition égoïste et la vanité, sont dus à une cause. La rébellion est une racine pour de nombreux problèmes personnels, et il y a la racine de la racine, qui est l'orgueil. L'orgueil, c'est ce qui libère les autres problèmes.

Si vous retracez l'histoire du péché dans l'univers, vous verrez qu'il n'a pas commencé sur la terre, mais dans le ciel. Le premier péché était l'orgueil de Lucifer qui a conduit à la rébellion. Celui qui est orgueilleux finira dans la rébellion. C'est la destinée finale de l'égocentrisme.

J'ai rencontré des gens qui fuyaient leurs problèmes. Parfois, ils voulaient voyager autour de la terre pour les fuir. La vérité, c'est que où que vous alliez vous emmenez avec vous le plus gros des problèmes: vous-même! La seule solution, c'est la croix. Le beau passage de Colossiens 1:27 résume tout cela: "... à ses saints à qui Dieu a voulu faire connaître quelle est la glorieuse richesse de ce mystère parmi les païens, savoir Christ en vous l'espérance de la gloire."

C'est le secret: Christ en vous. Quand cela devient-il réel dans votre vie? Cela le devient quand vous expérimentez la délivrance de vous-même. Quand vous dites non pas moi, mais Christ.

CHAPITRE QUATORZE

LA DÉLIVRANCE DE LA CHAIR

Nous avons, jusque-là, déjà vu trois des cinq délivrances différentes citées dans Galates; nous allons les récapituler. D'abord, Galates 1:4 dit que Dieu nous a délivrés de ce présent siècle maléfique. Ensuite, Galates 2:19 dit qu'il nous a délivrés de la loi. Enfin, Galates 2:20 dit que nous pouvons être délivrés du moi.

C'est merveilleux! Nous allons maintenant voir la quatrième délivrance, qui se trouve dans Galates 5:24: "Ceux qui sont à Jésus-Christ ont crucifié la chair avec ses passions et ses désirs."

Considérez un moment ce que cela signifie d'être délivré de la chair. Cela ne veut pas dire que nous sommes délivrés de notre corps physique. La chair, c'est plutôt la façon dont le vieil homme s'exprime en nous et à travers nous. Nous avons déjà parlé du vieil homme – la nature rebelle que chacun d'entre nous a héritée par sa descendance d'avec Adam. La chair et le vieil homme sont intimement liés.

Puisque ce verset dit que "ceux qui sont à Jésus-Christ ont crucifié la chair", nous avons la marque distinctive de ceux qui appartiennent à Christ. Dans 1 Corinthiens 15:23, en parlant de l'ordre dans lequel les morts vont ressusciter, Paul utilise la même expression: "... mais chacun en son rang, Christ comme prémices (qui est déjà ressuscité), puis ceux qui appartiennent à Christ lors de son avènement."

Christ revient comme un voleur, en ce sens qu'il reviendra à un moment inattendu; mais c'est là que la ressemblance s'arrête. Il ne prendra que ceux qui lui appartiennent.

Revenons à Galates 5:24. Nous découvrons le genre de personnes pour qui Jésus vient, qui sont ceux qui ont crucifié la chair et ses passions et ses désirs.

Appartenir à Christ n'est donc pas une question de dénomination. Jésus revient non pas spécifiquement pour les protestants, les catholiques, les baptistes ou les pentecôtistes, mais pour ceux qui remplissent une condition particulière, celle d'avoir crucifié leur chair avec ses passions et ses désirs.

Quatre œuvres de la chair

Plus haut, dans Galates 5:19-21, Paul nous donne une liste des œuvres de la chair – la façon dont la nature charnelle s'exprime dans nos vies. "Les œuvres de la chair, dit Paul, sont évidentes." Bien trop évidentes, je dirais. Pas toujours évidentes pour ceux qui les pratiquent, mais évidentes pour tous les autres. Ces œuvres sont: "Or les œuvres de la chair sont manifestes, lesquelles sont la fornication, l'impureté, l'impudicité, l'idolâtrie, la magie, les inimitiés, les querelles, les jalousies, les colères, les intrigues, les divisions, les sectes, les envies, les meurtres, les ivrogneries, les orgies, et les choses semblables à celles-là, au sujet desquelles je vous déclare d'avance, comme aussi je l'ai déjà dit, que ceux qui commettent de telles choses n'hériteront pas du royaume de Dieu." (traduction Darby)
Vous pouvez chercher en vain quelque chose de bon dans cette liste. Rien de bon ne peut venir de la chair. Elle est incapable de produire le bien. Il est clair que vous ne pouvez pas vivre selon la chair et hériter le royaume de Dieu. Cela s'exclut mutuellement.
Souvenez-vous du mot clé décrivant la vieille nature: corruption. Tout ce que la chair produit est corrompu. Elle ne peut rien produire de bon.
Il y a quatre catégories principales d'œuvres de la chair.

L'impureté sexuelle

L'impureté sexuelle comprend la fornication ou l'immoralité sexuelle, l'impureté et l'impudicité. La fornication – ou l'immoralité sexuelle – couvre toutes sortes d'immoralité sexuelle comme le sexe hors mariage (si vous voulez lui donner ce nom fantaisiste), l'adultère (la rupture d'une alliance de mariage), l'homosexualité et tout autre type de perversion.

Les églises ou les dénominations ordonnent qui ils veulent, mais cela ne change pas ce que la Bible dit, à savoir que ceux qui pratiquent l'impureté sexuelle sont exclus du royaume de Dieu.

L'occultisme

Une autre œuvre de la chair est l'occultisme, comme l'idolâtrie et la sorcellerie. A l'origine la sorcellerie, bien qu'elle soit une activité satanique, est une œuvre de la chair. Ses objectifs consistent à manipuler et à contrôler. Une fois que la chair entre en action, ce qui est satanique se met en marche et prend le contrôle.

Souvenez-vous que le premier désir d'Adam et Eve, qui les a menés à la ruine, était le fait de **savoir**. C'est un désir de la chair. Des millions de gens sont captivés par l'occultisme, parce qu'ils veulent voir des choses que Dieu ne leur a pas permis de savoir. Le fait d'aller consulter une voyante est motivé par un désir charnel de savoir, une œuvre de la chair. C'est la même chose pour ceux qui lisent l'horoscope. Parfois, les gens ont tendance à plaider l'ignorance comme excuse: "Je ne savais pas que cela n'était pas bien." Mais l'ignorance n'est pas une excuse. Dans 1 Timothée 1:13-15, Paul reconnaît qu'il était le roi des pécheurs pour des choses qu'il faisait par "ignorance, dans l'incrédulité". Le mot traduit par "sorcellerie" est directement en relation avec le terme grec employé pour "drogue" – ce même mot qui nous donne "pharmacie". Le culte de la drogue, c'est de la sorcellerie. Ceux qui s'y engagent sont en dehors du royaume de Dieu.

La division

La plus longue partie de la liste de Paul, dont on s'occupe peu, est centrée sur la division. Paul les identifie ainsi: "Les inimitiés, les querelles, les jalousies, les colères, les intrigues, les divisions, les sectes, les envies." Toute relation personnelle brisée, tout ce qui divise les maisons et les familles, et toutes sortes de divisions dans le corps de Christ sont un produit de la chair.

L'indulgence envers soi-même

La dernière catégorie, c'est "les ivrogneries, les orgies et les choses semblables à celles-là". Pour moi, cela se réfère à l'indulgence démesurée des appétits et des désirs de la chair, en particulier dans le domaine de la nourriture et de la boisson. Dans 1 Corinthiens 9:27, Paul décrit le genre de discipline qu'il s'est imposée dans ce domaine: "Mais je traite durement mon corps et je le tiens assujetti, de peur d'être moi-même rejeté après avoir prêché aux autres, d'être moi-même disqualifié."
Si nous décidons de suivre l'exemple de Paul, nous pouvons demander l'aide du Saint-Esprit qu'il décrit comme étant un "esprit de force, d'amour et de sagesse" (2 Timothée 1:7). Si nous continuons à être indisciplinés et indulgents envers nous-mêmes, le Saint-Esprit ne nous imposera pas une discipline contraire à notre choix de vie.

L'ennemi à l'intérieur

Certains théologiens ont dit que, dans 1 Corinthiens 3:3, Paul affirmait que les chrétiens de Corinthe étaient charnels parce qu'ils parlaient trop en langues. Le problème à Corinthe n'était cependant pas le parler en langues, mais les mauvaises attitudes et les relations qui révélaient la chair – l'œuvre de la chair. Quelle est la marque de la chair? "En effet, puisqu'il y a parmi vous de la jalousie et des disputes, n'êtes-vous pas charnels, et ne marchez-vous pas selon l'homme? Quand l'un dit: Moi, je suis de Paul! et un autre: Moi, d'Apollos! n'êtes-vous pas des hommes?" (1 Corinthiens 3:3-4)
Ce n'est pas la théologie qui divise l'Eglise, les gens pouvant l'utiliser de façon très charnelle, mais c'est la chair qui est à la racine du mal. La chair, c'est la division en suivant des chefs humains. L'un dit: "Je suis de Luther", un autre: "Je suis de Calvin", un autre encore: "Je suis de Wesley". Vous pouvez recevoir l'enseignement de ces hommes et remercier Dieu pour

cela; mais le fait de suivre un responsable ou un autre fait de vous quelqu'un de charnel.

Il n'y a qu'une solution à cela comme à toutes les dérives de la chair, et c'est la croix. Quand les gens ne veulent pas se soumettre à la croix dans leur vie, il y a division, conflit, envie, jalousie et orgueil.

Laissez-moi vous dire quelque chose qui, je l'espère, vous aidera, même si vous avez l'impression que vous n'en êtes pas là et que vous n'êtes pas à la hauteur de ce que je décris. Du calme! Dieu ne vous demande pas d'être arrivé, mais il vous demande d'être sur le chemin. Nous devons réaliser que chacun d'entre nous a un ennemi de Dieu en lui. La plupart de nos luttes et de nos difficultés en tant que chrétiens sont dues à cet ennemi qui est en nous.

Si vous avez vécu la Seconde Guerre mondiale, vous savez ce que signifie "la cinquième colonne". L'expression date à l'origine de la guerre civile espagnole dans les années trente, alors que les Espagnols se battaient entre eux. L'histoire raconte qu'un certain général espagnol assiégeait Madrid en 1936 et qu'un autre est venu et lui a demandé: "Quel est votre plan pour capturer la ville?" "J'ai quatre colonnes qui avancent contre la ville; une du nord, une de l'est, une du sud et une de l'ouest." Puis il a fait une pause et a repris: "Mais c'est de ma cinquième colonne que j'espère pouvoir prendre la ville." "Où est votre cinquième colonne?", a demandé le second général. "A l'intérieur de la ville", a été la réponse.

Voilà notre problème. L'Eglise n'est jamais vaincue de l'extérieur. Elle est invincible, sauf par une cinquième colonne, l'ennemi interne.

Reconnaître que notre chair est morte

Chacun d'entre nous a le même ennemi en lui, qui est la chair. Ne vous sentez donc pas coupable si vous avez des luttes internes. Cela peut signifier que vous êtes plus vivant que des chrétiens qui n'ont pas de luttes. L'ennemi ne rencontre pas d'opposition en eux. Regardez ce que Paul dit dans Romains 7:18: "Ce qui est bon, je le sais, n'habite pas en moi (c'est-à-dire dans ma chair); j'ai la volonté, main non le pouvoir de faire le bien."

Parfois je dis que la différence entre l'apôtre Paul et la plupart d'entre nous est qu'il en était conscient. Il dit: "Je sais qu'il n'y a rien de bon dans ma nature charnelle, donc je ne peux en espérer aucun bien. Peu importe si je veux de tout mon cœur le bien, je suis confronté à une lutte continuelle avec quelque chose en moi qui ne veut pas faire ce qui est bien."

La lutte en elle-même est, en un sens, un bon signe. C'est le signe que vous êtes vivant. Laissez-moi vous dire que Paul n'était pas un chrétien immature quand il a écrit Romains 7! Il était sur le point d'écrire Romains 8. Cependant, vous n'entrerez jamais vraiment dans Romains 8 tant que vous n'aurez pas appris à traiter votre chair.

Lisons Romains 8:6-8: "Et l'affection de la chair, c'est la mort, tandis que l'affection de l'esprit, c'est la vie et la paix; car l'affection de la chair est inimitié contre Dieu parce qu'elle ne se soumet pas à la loi de Dieu et qu'elle ne le peut même pas."

Laisser votre nature charnelle contrôler votre pensée, c'est la mort; mais laisser le Saint-Esprit contrôler la façon dont vous pensez, c'est la vie et la paix. Il n'y a pas moyen d'amener votre nature charnelle à l'obéissance de Dieu. Elle ne lui obéira jamais. Acceptez ce fait. N'essayez pas de la faire obéir à Dieu, n'essayez pas de la rendre religieuse, n'essayez pas de l'emmener à l'église et de l'asseoir pendant des heures à des réunions et de lui faire faire des exercices religieux pour essayer de la faire obéir à Dieu. Elle n'obéira pas, elle ne peut pas le faire. Elle est irrémédiablement corrompue une rebelle jusqu'aux racines. Quel est le remède? La solution de Dieu, c'est l'exécution. La bonne nouvelle est que cette exécution a eu lieu il y a plus de dix-neuf siècles. Quand Jésus est mort sur la croix, notre vieil homme, cette nature charnelle, a été mis à mort avec lui. Ce que nous devons faire, c'est simplement appliquer ce que Jésus a accompli pour nous à la croix: "Sachant que notre vieil homme a été crucifié avec lui (Jésus), afin que le corps du péché soit détruit, pour que nous ne soyons plus esclaves du péché." (Romains 6:6)

C'est un fait historique – que nous le sachions ou pas, que nous y croyons ou pas, c'est vrai. Quand nous le savons et que nous le croyons, il agit en nous. Je souligne encore une fois un problème de la plupart des Eglises contemporaines, celui que la grande majorité des chrétiens ne savent pas qu'ils ont été crucifiés avec Christ.

En fait, dire que notre vieil homme a été "éradiqué" est trompeur. Tant que nous sommes dans cette vie, nous n'en auront jamais fini de notre nature charnelle. J'ai rencontré des gens qui croyaient qu'ils étaient complètement délivrés de la chair, mais je n'en ai pas vu la preuve. Ils avaient simplement changé la terminologie. Ils ne s'énervaient plus et se mettaient dans une sainte colère. Pour moi, la chair peut être rendue inefficace, incapable de faire ce qu'elle voudrait faire; elle ne sera pas éliminée dans cet âge. C'est encore une raison pour souhaiter un autre siècle!

Trois mots simples

Dans Romains 6:11, Paul dit: "Ainsi vous-mêmes regardez-vous comme morts au péché." Remarquez la progression. Par le verset 6, que nous avons lu plus haut, nous savons que nous sommes morts au péché; dans le verset 11, nous le reconnaissons ou nous l'appliquons. Je fais cela quand je dis que "ma nature charnelle a été crucifiée".

Trois mots simples peuvent vous aider dans ce processus de reconnaissance: fait, foi et sentiment. Remarquez l'ordre. Vous ne commencez pas par les sentiments, mais par les faits qui sont les vérités de la Bible. Cette dernière contient des vérités ou des faits, et votre foi est construite sur eux; puis vos sentiments se mettent en accord avec votre foi. Ne laissez jamais vos sentiments vous guider.

C'est ce que, en fait, je démontre dans ces chapitres. Il se peut que cela vous semble un peu trop objectif ou loin de vous, mais la vérité est que nous devons commencer par l'objectif. Si nous débutons par nos sentiments, nous sommes sans ancre, à la merci du moindre vent ou courant. Alors nous commençons par les faits bibliques en fondant notre foi sur eux et en permettant à nos sentiments de s'aligner.

Parfois, lorsque vous ou moi nous nous sentons le plus misérable, nous plaisons en fait davantage à Dieu que quand nous pensons que nous agissons de façon formidable. Dieu est près de ceux qui ont le cœur brisé. En fait, "les sacrifices qui sont agréables à Dieu, c'est un esprit brisé" (Psaume 51:19).

Ce qui retient Dieu à distance, c'est la confiance en soi. J'ai rencontré des problèmes que je disais pouvoir surmonter et, plus tard j'ai souhaité n'avoir jamais dit cela! Il y a des années, Lydia et moi sommes allés pour la première fois aux Etats-Unis en venant du Canada. J'avais entendu des choses sur l'Amérique et cela me rendait nerveux. Il y avait des autoroutes sur lesquelles nous ne devions pas rouler à moins de soixante-cinq kilomètres par heure, et cela m'effrayait! Nous avons alors établi notre trajet d'Oshawa à New York en passant par Lima, pour éviter toutes les autoroutes.

Après être arrivés sains et saufs dans l'Etat de New York, nous allions retourner au Canada quand Lydia m'a dit: "Je pense que nous devrions prier." "Nous n'avons pas besoin de prier", lui ai-je répondu.

Nous avons pris la direction de l'autoroute dans l'Etat de New York et nous nous sommes mis en route tranquillement. Comme la signalisation de sortie sur les routes principales est différente aux Etats-Unis et au Canada, nous avons manqué la bonne sortie et avons vu que la prochaine se trouvait quatre-vingt-douze kilomètres plus loin. Nous avons dû rouler cent quatre vingt-quatre kilomètres de plus. Puis, quand nous avons pris la bonne sortie, la voiture est tombée en panne.

Je ne vous raconterai pas le reste de l'histoire, sauf pour ajouter que je n'ai plus jamais affirmé que nous n'avions pas besoin de prier!

Alors comment crucifier la chair? Comme nous cherchons la délivrance de la chair, il y a un mot important d'avertissement dans 1 Pierre 4:1-2: "Ainsi donc Christ, ayant souffert dans la chair, vous aussi armez-vous de la même pensée. Car celui qui a souffert dans la chair en a fini avec le péché, afin de vivre non plus selon les convoitises des hommes, mais selon la volonté de Dieu."

Pierre nous avertit que la délivrance de la chair ne se fera pas sans souffrance. Nous devons nous attendre à cela, et être prêts à faire tout ce qu'il faut pour nous libérer de la domination de notre nature charnelle. Ce genre d'armure mentale est essentielle pour la victoire, et beaucoup de chrétiens affrontent malheureusement les épreuves sans elle. Ils ne sont pas préparés mentalement pour les pressions et les conflits qui les attendent. Trop souvent, ils permettent à leur nature charnelle de les conduire à la défaite.

Durant des années, j'ai eu du mal à comprendre l'affirmation qui dit que "celui qui a souffert dans la chair en a fini avec le péché". Je me disais: "Je croyais que toutes les souffrances avaient eu lieu quand Jésus est mort sur la croix. Je ne peux rien ajouter à ses souffrances."

Je me suis cependant aperçu que la souffrance consiste à crucifier notre chair. Vous souvenez-vous de ce que nous avons dit au commencement de ce chapitre? "Ceux qui sont en Christ ont crucifié la chair avec ses passions et ses désirs." Pour aucun d'entre nous crucifier la chair ne se fait sans douleur. Cela signifie, en un sens, que nous devons enfoncer les clous dans nos mains et nos pieds et nous mettre sur la croix.

Voici un exemple de la crucifixion de la chair. Imaginons une jeune femme d'environ vingt ans, chrétienne engagée pour servir le Seigneur, qui rencontre un jeune homme. Il se dit chrétien et va à l'église, mais le fait simplement pour être avec cette jeune femme. Il affirme qu'il veut se marier avec elle. Elle est engagée émotionnellement avec lui et elle ne sait pas quoi faire.

Puis son pasteur, qui connaît le jeune homme et s'inquiète pour l'âme de la jeune femme, lui dit: "Il n'est pas vraiment chrétien; il fait semblant, parce qu'il te veut. Ne te marie pas avec lui."

Elle a deux possibilités, soit satisfaire sa chair, soit la crucifier. Sa chair lui dit: "Mais je l'aime!" Puis elle lui répond: "Mais j'aime davantage Jésus." Elle enfonce le premier clou dans sa main droite. De nouveau la voix de la chair dit: "Mais je veux une maison et des enfants!" Elle enfonce le deuxième clou dans sa main gauche. La même voix encore: "Mais j'ai peur de rester seule le reste de ma vie!" Elle enfonce le dernier clou dans ses pieds.

Vous comprenez? Les mains et les pieds doivent être cloués. C'est douloureux, mais cela ne dure pas longtemps. Après un temps, elle est libre et heureuse – et, en fin de compte, elle rencontre le bon jeune homme.

Supposons maintenant qu'elle refuse de crucifier sa chair. Elle se marie avec l'homme et réalise rapidement qu'il n'aime pas vraiment le Seigneur et qu'il ne sera pour elle ni un chef spirituel ni une aide. Après quinze ans de conflit, il la quitte en la laissant seule avec trois enfants.

Qu'est-ce qui est le plus douloureux? Le fait de traiter sa chair ou celui de passer quinze ans mariée au mauvais homme qui la laisse tomber avec trois enfants? Ce qui est sûr, c'est que les deux sont douloureux. La racine de notre souffrance, c'est notre nature charnelle. La question est de savoir si nous allons accepter la solution de Dieu ou aller à son encontre. La solution de Dieu est douloureuse, mais seulement pour un temps. Son cœur brisé guérira après un an ou deux, puis elle sera libre de vivre le reste de sa vie pour Dieu.

Je crois que la plupart des chrétiens connaissent une crise, en particulier ceux qui sont appelés au ministère. Dans cette crise, soit ils peuvent faire ce que la chair veut et manquer le plan de Dieu, soit ils peuvent crucifier la chair et souffrir. De la souffrance naît un caractère trempé et une vie d'engagement qui n'est plus esclave du péché.

Je peux me souvenir, en regardant à ma propre expérience, lorsque j'ai été confronté à prendre la bonne ou la mauvaise décision. Je pouvais continuer avec la chair, me faire plaisir et prendre le chemin facile, ou je pouvais mettre en pratique la croix. Plutôt maladroitement, sans vraiment savoir ce que je faisais, j'ai enfoncé les clous. Plus de cinquante ans plus tard, je suis heureux de l'avoir fait!

Relisez attentivement ce que Pierre dit dans ce passage: "Ainsi donc, Christ ayant souffert dans la chair, vous aussi armez-vous de la même pensée. Car celui qui a souffert dans la chair en a fini avec le péché, afin de vivre non plus selon les convoitises des hommes, mais selon la volonté de Dieu."

N'est-ce pas merveilleux? Vous pouvez arriver à un stade où le péché ne domine plus sur vous! C'est la quatrième glorieuse délivrance donnée par la croix.

CHAPITRE QUINZE

LA DÉLIVRANCE DU MONDE

Il reste la délivrance finale. Elle est énoncée dans Galates 6:14 où Paul écrit sur des gens voulant se glorifier dans certains rites religieux: "Pour ce qui me concerne, loin de moi la pensée de me glorifier d'autre chose que de la croix de notre Seigneur Jésus-Christ par qui le monde est crucifié pour moi, comme je le suis pour le monde!"

La croix se met entre le véritable chrétien et le monde. Le monde qui regarde dans la direction d'un chrétien voit un cadavre sur une croix, ce qui n'est pas très attirant. Le chrétien qui regarde en direction du monde voit quelque chose de similaire. Il n'y a rien pour l'attirer, et il y a une ligne de séparation entre les deux, marquée par la croix.

Une parabole vraiment parlante à ce propos se trouve dans Luc 19:12-14, où Jésus dit: "Un homme de haute naissance s'en alla dans un pays lointain pour se faire investir de l'autorité royale, et revenir ensuite. Il appela dix de ses serviteurs, leur donna dix mines, et leur dit: Faites-les valoir jusqu'à ce que je revienne. Mais ses concitoyens le haïssaient et ils envoyèrent une ambassade après lui pour dire: Nous ne voulons pas que cet homme règne sur nous."

Voici une image de Jésus quittant la terre, allant vers le Père, au ciel, et attendant de revenir pour prendre possession de son royaume. C'est également une image du système du monde dans lequel les gens disent: "Nous ne voulons pas que cet homme, Jésus, règne sur nous, et nous ne nous soumettrons pas à lui en tant que Seigneur."

Quelle est la ligne de démarcation?

Le monde contient toutes sortes de gens – des athées, des gens de différentes religions, des gens respectables, des gens bien. Vous pourriez dire à propos de cette dernière catégorie: "Ils ne peuvent pas faire partie du monde, ils vont à l'église." La façon de voir si des gens font partie du système du monde, c'est de les défier de s'engager sans réserve pour Jésus-Christ. Quelque chose peut émerger d'eux qui n'est pas respectable. Le vernis religieux une fois ôté révélera un rebelle à l'intérieur, un rebelle religieux, peut-être un rebelle honorable et respectable, mais un rebelle tout autant qu'un communiste, un athée ou un musulman.

Quelle est la ligne de démarcation? C'est la soumission à Jésus en tant que Seigneur. Ceux qui lui sont soumis ne sont pas dans le monde. Ils sont passés du monde au royaume de Dieu. Vous ne pouvez pas être dans le royaume de Dieu sans avoir une bonne relation avec le Roi. Beaucoup de gens veulent être dans le Royaume, mais ne veulent pas du Roi! C'était vrai des Israélites du temps de Jésus. Ils voulaient le Royaume, mais rejetaient le Roi; en le rejetant, ils ont été déchus du Royaume.

Personne ne peut rejeter le Roi et être dans le Royaume. Ce qui détermine notre présence dans le Royaume, ce n'est pas le genre de vêtements que nous portons ou les loisirs que nous aimons, mais c'est notre relation avec Jésus. Lui sommes-nous honnêtement et sincèrement soumis? Cela ne signifie pas que nous sommes parfaits. En fait, quand nous nous soumettons à Jésus, il a généralement beaucoup d'ordre à mettre dans nos vies. Cela signifie que nous lui permettons, parfois à contrecœur, de mettre de l'ordre dans nos vies. Quelquefois nous pouvons ne pas aimer cela, mais c'est mieux que l'autre alternative!

Je faisais partie de ce monde quand le Seigneur m'a rencontré. En tant que philosophe, je ne me souciais pas de religion. Une nuit, Dieu m'a arraché du monde pour me déposer dans le Royaume. Je n'avais pas de connaissance doctrinale, mais j'avais rencontré Jésus et je m'étais abandonné à lui.

J'ai eu beaucoup de luttes depuis, croyez-moi, mais je n'ai jamais eu le désir de retourner dans le monde. Qu'y a-t-il, dans le monde? Rien qui puisse m'attirer ou me séduire.

Il se peut que, dans le royaume de Dieu, ce ne soit pas toujours facile; mais c'est incomparablement mieux que d'être dans le monde! J'en suis sorti en une nuit comme Israël est sorti d'Egypte. Je n'ai jamais voulu, ne serait-ce qu'un instant, retourner en arrière. Ce n'est pas une doctrine qui m'a changé, c'est Jésus. J'ai rencontré quelqu'un qui a forcé ma loyauté et mon obéissance.

Le système du monde

Dans 2 Pierre 3:5, Pierre parle des jugements de Dieu sur le système du monde: "Ils veulent ignorer en effet que des cieux existèrent autrefois par la parole de Dieu, de même qu'une terre tirée de l'eau et formée au moyen de l'eau, et que par ces choses le monde d'alors périt, submergé par l'eau."
Quand Pierre dit "le monde d'alors périt", il ne parle pas d'abord du monde physique qui existait à cette époque. La terre en elle-même n'a pas péri, le système solaire n'a pas disparu. Ce qui a péri, au plus haut niveau, c'était un certain ordre sociologique – l'ordre des hommes avant l'inondation. Quel était leur problème? Ils n'étaient pas soumis au juste gouvernement de Dieu, qui les a supprimés d'un jugement bref et radical.
Maintenant, un nouveau système mondial a vu le jour – différent à bien des égards, mais qui a une chose en commun avec le monde d'avant l'inondation, celui de n'être pas soumis au juste gouvernement de Dieu. Dieu n'offre pas de gouvernement alternatif; c'est Jésus ou rien.
Considérons certaines choses que le Nouveau Testament nous dit à propos du système du monde. Ces vérités donnent à réfléchir et sont pourtant largement ignorées dans l'Eglise contemporaine.

Trois tentations de fond

Tout d'abord, lisons 1 Jean 2:15-16, qui est contraire à la pensée contemporaine, mais qui est vrai: "N'aime pas le monde ni les choses qui sont dans le monde. Si quelqu'un aime le monde, l'amour du Père n'est pas en lui; car tout ce qui est dans le monde, la convoitise de la chair, la convoitise des yeux et l'orgueil de la vie, ne vient pas du Père, mais vient du monde."

C'est très clair, n'est-ce pas? Il n'y a pas de problème théologique pour comprendre cela. Rien des motivations, des attitudes, des ambitions, des désirs, des critères ou des priorités du monde ne vient du Père. Mais nous devons faire attention à la façon dont nous comprenons cette vérité. Nous ne sommes pas les ennemis des pécheurs. Dieu a aimé le monde et a donné son Fils pour lui. Nous ne devons pas aimer le monde ou la façon dont il vit. Nous ne pouvons par être amis du monde et amis de Dieu. Mais, comme Jésus lui-même, nous pouvons être amis des pécheurs.

Ce passage révèle les trois tentations principales qui sont la convoitise de la chair (le désir du corps physique), la convoitise des yeux (le désir de convoitise) et l'orgueil de la vie (personne ne me dit ce que je dois faire). Ces tentations existaient déjà dans le jardin d'Eden. L'arbre de la connaissance du bien et du mal était bon à manger (convoitise de la chair), beau à voir (convoitise des yeux) et pouvait rendre l'homme et la femme sages sans Dieu (orgueil de la vie).

Jésus a rencontré ces trois mêmes tentations dans le désert. Satan a d'abord dit: "Commande à ces pierres de devenir des pains" (Matthieu 4:3); c'est la convoitise de la chair. Puis du haut du Temple: "Jette-toi en bas" (Matthieu 4:6); autrement dit: "Fais quelque chose pour démontrer combien tu es grand sans le Père"; c'est l'orgueil de la vie. Finalement, en montrant à Jésus tous les royaumes du monde et leur gloire: "Tu peux les avoir tous à une condition: que tu te prosternes et m'adores" (voir Matthieu 4:9); c'est la convoitise des yeux.

Grâce à Dieu, alors qu'Adam a chuté dans un environnement parfait, Jésus, le dernier Adam, dans un désert et après quarante jours sans manger a été totalement victorieux.

Les tentations que Jésus a vaincues comprennent la nature de toutes les tentations du monde. Chacune d'elles fait partie de l'une des trois catégories qui sont la convoitise de la chair, la convoitise des yeux et, la plus dangereuse de toutes, l'orgueil de la vie.

Le monde ne durera pas

"Et le monde passe, et sa convoitise aussi; mais celui qui fait la volonté de Dieu demeure éternellement." 1 Jean 2:17 Quelle sidérante affirmation! Tout ce qui est dans le monde est éphémère; rien ne va durer. Si vous unissez votre volonté à celle de Dieu en disant: "Je suis ici pour faire sa volonté", vous êtes aussi inébranlable et invincible que la volonté de Dieu elle-même; vous ne serez jamais vaincu parce que, en dernier ressort, la volonté de Dieu ne sera jamais vaincue. La clé, c'est d'aligner votre volonté sur la sienne.

Le diable essaiera de vous convaincre que vous allez devoir abandonner trop de choses. C'est un menteur, aussi ne l'écoutez pas. C'est une chose bénie que de joindre votre volonté à celle de Dieu! Cela enlève le fardeau du sentiment: "Je n'ai personne d'autre en qui me confier que moi-même." Confiez votre fardeau au Père; il prendra soin de vous.

Nous ne devons pas être amis avec le monde

Je pense que vous êtes d'accord pour dire que Jacques parlait très clairement: "Adultères que vous êtes! Ne savez-vous pas que l'amour du monde est inimitié contre Dieu? Celui donc qui veut être ami du monde se rend ennemi de Dieu." (Jacques 4:4) Pourquoi les traite-t-il d'adultères? Parce que les chrétiens qui se tournent vers le monde après s'être engagés avec Dieu commettent l'adultère spirituel – en rompant leur engagement de fiançailles envers Jésus. Nous ne pouvons pas le dire plus clairement que cela. L'amitié avec le système du monde est inimitié avec Dieu! Vous devez choisir!

Le monde va nous haïr

Des nombreux auteurs du Nouveau Testament, Jean est celui qui parle le plus du monde. C'est l'un de ses thèmes favoris. Dans Jean 15:18-19, il rappelle les paroles que Jésus a partagées avec ses disciples juste avant de les laisser: "Si le monde vous hait, sachez qu'il m'a haï avant vous. Si vous étiez du monde, le monde aimerait ce qui est à lui; mais parce que vous n'êtes pas du monde, et que je vous ai choisis du milieu du monde, à cause de cela le monde vous hait."

Au remarquable verset 19, l'expression "le monde" se trouve cinq fois. Dieu doit essayer de dire quelque chose! Lisez-le encore une fois attentivement: "Si vous étiez du monde, le monde aimerait ce qui est à lui; mais parce que vous n'êtes pas du monde et que je vous ai choisis du milieu du monde, à cause de cela le monde vous hait."

Il ne peut y avoir aucun doute sur ce que Jésus veut dire. Nous ne devons pas être choqués si le monde nous hait. Le problème, avec l'Eglise contemporaine, c'est que le monde ne la déteste pas.

Avant, Jésus avait dit à ses frères qui ne croyaient pas en lui: "Le monde ne peut vous haïr; moi, il me hait parce que je rends de lui le témoignage que ses œuvres sont mauvaises." (Jean 7:7) Ses frères faisaient partie du monde parce que, à ce moment-là, ils avaient rejeté le juste gouvernement de Dieu en la personne de leur frère.

Tant que vous ferez partie du monde, il ne vous haïra pas. Si vous vous séparez de lui et que vous témoignez de la vérité et de la justice, le monde va vous haïr. Pourquoi le monde d'aujourd'hui hait-il si peu l'Eglise? Parce que nous ne le gênons pas; il se sent à l'aise avec nous.

On a estimé qu'il y avait cinquante millions de chrétiens nés de nouveau en Amérique. Si cela était vrai, le monde en sentirait l'impact. Mais la vérité c'est que nous, chrétiens, affectons fort peu le monde. Il hausse juste les épaules. De même, dans la plupart des pays européens aujourd'hui, la chrétienté est considérée comme un anachronisme, une lointaine survivance du passé. L'Europe a des cathédrales çà et là, mais rien à dire dans la vie contemporaine. Le monde n'est pas contre la chrétienté; il fait son petit bonhomme de chemin.

Le monde est entre les mains de Satan

Ne soyez pas en colère contre moi à propos de ce qui suit, mais soyez-le contre Jean qui l'a écrit! "Nous savons que nous sommes de Dieu et que le monde entier est sous la puissance du Malin." (1 Jean 5:19)

Qui est le Malin? C'est Satan. Nous pourrions traduire plus littéralement par: "Le monde entier repose dans le Malin." Autrement dit, il tient le monde entier en son pouvoir.

Apocalypse 12:9, autre passage écrit par Jean, nous donne les quatre titres principaux de Satan en un seul verset: "... le grand dragon, le serpent ancien, appelé le diable et Satan, celui qui séduit toute la terre..."

D'abord, notre adversaire, c'est le **diable**. Le mot grec "diabolos" signifie littéralement "calomniateur". Puis il est **Satan**, ce qui signifie "ennemi", "celui qui résiste", l'"opposant". Ensuite, il est le **dragon**, un monstre, une créature effrayante. Enfin, il est le **serpent**, un serpent rusé. S'il ne peut pas entrer par la porte de devant, il va le faire subrepticement par les égouts!

Que fait Satan dans ces quatre rôles différents? Il séduit le monde entier.

L'issue pour sortir du système du monde

Si vous acceptez toutes ces affirmations sur le monde, vous devez reconnaître que, en tant que chrétiens engagés, nous n'avons pas de place dans le monde. Nous ne lui appartenons tout simplement pas. La liste que j'ai donnée sur les formes de tromperie du monde est loin d'être complète. Nous devons être délivrés des opinions du monde, de ses valeurs, de ses jugements, de ses pressions et de ses séductions. Nous ne pouvons accepter que tout cela nous dicte notre façon de penser. Le plus grand canal du monde faisant pression sur nous dans notre culture contemporaine, c'est la télévision. Je ne dis pas que tout ce qui passe à la télévision est mauvais, mais votre télévision amène le monde dans votre maison. La télévision séduit et manipule. C'est une démonstration de sorcellerie ou d'un contrôle spirituel à grande échelle. De la même manière, le but de beaucoup de publicités est de vous faire désirer des choses dont vous n'avez pas besoin, et de vous faire acheter des choses que vous ne pouvez pas vous offrir. Et cela fonctionne!

Les annonceurs investissent des millions de francs dans la publicité, parce que cela leur rapporte des millions en retour.

Je ne décide pas de votre façon de vivre, mais j'ai choisi la mienne et la télévision ne domine pas ma vie. Ce n'est pas un sacrifice! Si vous voulez me tourmenter, vous pourriez me mettre devant la télévision et me la faire regarder plusieurs heures par jour. Je ne dis pas que tout le monde doit être comme moi, mais vous devez vous demander d'où viennent vos valeurs, vos critères, vos jugements et vos priorités.

Voyons la tristesse de Paul, que nous lisons dans Philippiens 3:18-19, causée par des chrétiens n'appliquant pas la croix dans leur vie: "Car il en est plusieurs qui marchent en ennemis de la croix de Christ, je vous en ai souvent parlé, et j'en parle maintenant encore en pleurant. Leur fin sera la perdition; ils ont pour dieu leur ventre, ils mettent leur gloire dans ce qui fait leur honte, ils ne pensent qu'aux choses de la terre."

Quelle est la racine du problème? Ils ne sont pas ennemis de Christ lui-même, mais ils sont ennemis de sa croix. Ils veulent tout ce qu'ils peuvent avoir de Jésus. Il n'y a qu'une chose dont ils ne veulent pas, l'œuvre de la croix dans leur vie. Remarquez "qu'ils ont pour dieu leur ventre". Cela ne s'applique-t-il pas à certains d'entre nous? Il est aussi dit qu'"ils mettent leur gloire dans ce qui fait leur honte". Certains chrétiens se complaisent dans des choses dont ils devraient avoir honte. La situation se résume en une phrase: "Ils ne pensent qu'aux choses de la terre."

Quel en est le résultat? Ils sont voués à la perdition, un mot terrible s'appliquant au présent et à l'éternité. Puisse Dieu nous aider et nous délivrer du système du monde!

Se repentir

Il n'y a qu'une issue, un mot démodé qui est sorti du vocabulaire religieux de beaucoup d'entre nous et qui est la **repentance**. Considérez l'avertissement du précurseur qui est venu pour préparer la voie du Seigneur: "Repentez-vous, car la royaume des cieux est proche." (Matthieu 3:2)

Souvenez-vous du dessein de Dieu dans l'Evangile, celui de présenter son Royaume. Quelle est la première condition pour entrer dans le Royaume? La repentance!

Quand Jésus a commencé son ministère, il a fait à Jean-Baptiste le plus grand compliment possible: il a repris exactement là où Jean s'était arrêté: "Dès ce moment, Jésus commença à prêcher et à dire: Repentez-vous, car le royaume des cieux est proche." (Matthieu 4:17)

Se repentir, cela signifie abandonner sa rébellion. Je ne pose pas mes propres critères, je ne fais pas ce qui me plaît et je ne pense pas à ma façon. Je tourne le dos à tout cela et je me soumets sans réserve à celui qui est juste et qui règne, Jésus.

Croire

Après la repentance vient la foi. Beaucoup de gens qui combattent pour avoir la foi ne peuvent pas croire, parce qu'ils ne se sont jamais repentis. Il n'y a de véritable foi biblique pour le salut qu'à travers la repentance.

Détournez-vous donc du système rebelle, venez dans le Royaume et soumettez-vous au Roi! C'est la véritable repentance, et c'est ainsi que vous serez délivré du système du monde.

QUATRIÈME PARTIE

COMMENT S'APPROPRIER CE QUE DIEU A PRÉVU

CHAPITRE SEIZE

DU LÉGAL À L'EXPÉRIMENTAL

Dans les trois derniers chapitres, je vais vous communiquer des instructions précises sur la façon dont vous pouvez vous approprier tout ce que Dieu a prévu à travers l'expiation. Je vais d'abord récapituler les deux principaux sujets que nous avons déjà abordés.

J'ai d'abord analysé les neuf aspects de l'échange qui a eu lieu quand Jésus est mort à la croix:

1. Jésus a été puni afin que nous ayons le pardon.
2. Jésus a été blessé afin que nous ayons la guérison.
3. Jésus a été fait péché de ma nature pécheresse afin que je devienne juste de sa justice.
4. Jésus est mort à ma place afin que je partage sa vie.
5. Jésus a été fait malédiction afin que je reçoive la bénédiction.
6. Jésus a subi ma pauvreté afin que je partage son abondance.
7. Jésus a porté ma honte afin que je partage sa gloire.
8. Jésus a subi mon rejet afin que je sois accepté de Dieu.
9. Mon vieil homme a été crucifié en lui afin qu'un nouvel homme puisse émerger en moi.

Je vous encourage à garder ces échanges en mémoire; ce sont des transactions vitales qui ont eu lieu à la croix et qui devraient définir et déterminer nos vies tout entières.

Nous avons vu ensuite cinq différents aspects de la délivrance à travers l'application de l'œuvre de la croix dans nos vies, toutes contenues dans Galates. A travers la croix nous recevons la délivrance:

1. de ce présent siècle mauvais,
2. de la loi,
3. de notre moi,
4. de la chair,

5.   du monde.

C'est tout ce que Dieu a fait, et cela ne nous fait pas de bien tant que nous ne savons pas comment nous les approprier. C'est le thème suivant abordé de ce livre.

Laissez-moi ajouter que si vous manquez ce que Dieu a prévu pour vous, ce n'est pas parce que c'est trop difficile, mais parce que c'est trop simple! Il n'y a rien de compliqué dans le plan de Dieu pour s'approprier son salut.

Le modèle de Josué

Le livre de Josué contient un merveilleux modèle à suivre pour nous. Josué avait reçu la lourde responsabilité d'amener les Israélites dans le pays de Canaan après la mort de Moïse – et Moïse était un difficile exemple à suivre. Voici ce que l'Eternel a dit à Josué: "Moïse, mon serviteur, est mort; et maintenant, lève-toi, passe ce Jourdain, toi et tout ce peuple, pour entrer dans le pays que je leur donne à eux, les fils d'Israël. Tout lieu que foulera la plante de votre pied, je vous l'ai donné, comme j'ai dit à Moïse." (Josué 1:2-3, traduction Darby)

La promesse de Dieu comprend deux temps différents. Au verset 2, il dit: "Je leur donne." Au verset 3: "Je vous l'ai donné." Nous savons que l'Eternel est celui qui dispose de tout sur la terre et dans le ciel. "A l'Eternel la terre et ce qu'elle renferme." (Psaume 24:1) Quand l'Eternel donne quelque chose, c'est décidé. On ne discute pas. Dans ce cas précis, l'Eternel avait dit: "**Je vous donne** ce territoire que tu vois en face de toi." Puis il a dit: "**Je vous l'ai donné.**" A partir de ce moment-là, légalement, tout le pays de Canaan appartenait aux fils d'Israël. Cependant, concrètement, ils n'en ont pas occupé plus que ce que le Seigneur leur avait donné quand il a parlé.

Les enfants d'Israël auraient pu avoir deux réactions négatives. La première de découragement: "L'Eternel a dit qu'il nous donnait tout, mais nous n'en avons pas plus qu'avant." La seconde aurait pu être de la présomption, exactement le contraire du découragement. Ils auraient pu se mettre en ligne sur la rive est du Jourdain, croiser les bras, regarder vers l'ouest et dire: "Tout cela nous appartient." Pourtant, ils n'en auraient pas eu plus qu'avant.

Ils auraient pu encore être un peu plus aventuriers. Ils auraient pu traverser le Jourdain, se mettre en ligne sur la rive ouest, regarder vers l'ouest, croiser les bras et puis dire: "Tout est à nous." Légalement, ils en auraient eu le droit. En fait, expérimentalement, ils auraient eu tort. Les Cananéens savaient qu'ils possédaient encore le pays.

L'application pour l'Eglise

Parfois, l'Eglise peut être comme cela. Quelle que soit la rive du Jourdain sur laquelle nous nous trouvons, nous regardons le Pays promis et nous disons: "Tout est à nous." Légalement, nous avons raison; dans les faits, nous avons tort. J'ai entendu des gens dire: "J'ai tout reçu quand j'ai été sauvé." Je réponds: "Si vous avez tout eu, où est-ce que cela se trouve? Montrez-le moi."

Mais c'est parfaitement vrai. Légalement, une fois que nous sommes nés de nouveau, nous sommes héritiers de Dieu et cohéritiers de Christ. Tout ce qui appartient à Jésus nous appartient. Pourtant, nous ne le possédons pas encore, puisqu'il existe une distinction entre ce qui est légal et ce qui est expérimental.

Légalement, tout ce que Jésus a fait sur la croix est déjà à nous. Il a pourvu. Expérimentalement, nous ne sommes pas encore entrés dans tout ce qui a été promis. Je doute que quiconque se soit approprié par expérience tout ce que Jésus a prévu pour nous à travers sa mort sur la croix.

Souvenez-vous du passage de Hébreux 10:14 que nous avons lu dans le chapitre deux: "Car par une seule offrande il a amené à la perfection pour toujours ceux qui sont sanctifiés." La croix, c'est l'offrande. Dieu dit: "Je l'ai donnée." Etre sanctifié, c'est comme traverser le fleuve; nous devons entrer dans le pays et en prendre possession.

Se battre pour ce que nous avons obtenu

Dieu a réalisé deux miracles extraordinaires pour amener les Israélites dans la Terre promise, qui sont le Jourdain s'ouvrant quand le peuple a traversé et la destruction de Jéricho. A partir de là, ils ont dû se battre pour obtenir tout le reste. C'est aussi vrai pour la vie chrétienne. Dieu fera certains miracles pour vous y faire entrer; après cela, vous n'obtiendrez que ce pour quoi vous vous battez et, si vous ne vous battez pas, vous n'obtiendrez rien!

Historiquement, les Israélites n'ont pas envahi tout le pays à ce moment-là. Ils ont cohabité avec les peuples étrangers – ce qui a été désastreux pour eux. C'est aussi là une image de l'Eglise, qui essaie de s'installer et de cohabiter avec des forces ennemies qui ne devraient pas être là.

Josué et les Israélites qui entrent dans leur héritage, c'est un modèle pour vous et moi. Ne croisez pas les bras en disant: "Tout est à nous"; vous êtes voué à la déception. Ne soyez pas découragé si vous vous trouvez engagé dans de rudes batailles; cela fait partie du processus.

Etre restauré dans notre héritage

Dans Abdias, l'un des plus petits livres prophétiques, nous trouvons un passage édifiant qui délivre un puissant message sur la restauration de notre héritage. Le verset 17 montre la restauration d'Israël à la fin de cet âge. Cela commence aujourd'hui, bien qu'il y ait encore du chemin à faire: "Et sur la montagne de Sion il y aura délivrance; et elle sera sainte, et la maison de Jacob possédera ses possessions." (traduction Darby)

Remarquez trois idées fortes qui sont la **délivrance,** la **sainteté** et **le peuple de Dieu qui entre dans ses possessions** (il est possible d'avoir des possessions que nous ne posséderons jamais). Ce sont les étapes selon une ligne très simple, selon laquelle le peuple de Dieu sera restauré dans son héritage.

Je suis intimement engagé en Israël et au Moyen-Orient, bien que je ne sois pas juif. Mon point de vue historique est que les juifs, à cause de leur désobéissance, ont été exilés pour quelque dix-neuf siècles de l'héritage que Dieu leur avait donné. Actuellement, ils sont en train de le récupérer.

Cela est non seulement vrai d'Israël, mais également de l'autre peuple de l'alliance, l'Eglise. Durant presque la même période, cette dernière a été exilée de son héritage accordé en Christ. Si vous comparez l'Eglise décrite dans le livre des Actes avec celle à travers les siècles, vous serez d'accord pour dire qu'il y a fort peu de ressemblance entre les deux. Israël retournant à son héritage géographique est donc un défi pour l'Eglise retournant à son héritage spirituel en Christ. Les étapes sont les mêmes, c'est-à-dire la **délivrance**, la **sainteté**, **entrer dans ce que nous possédons**.

Dans la partie précédente, ainsi qu'au début de ce chapitre, nous avons vu cinq formes de délivrance que nous avons lues dans le livre des Galates. Ces délivrances sont essentielles si le peuple de Dieu veut regagner son héritage.

Nous ne pourrons pas réclamer notre héritage sans sainteté. Souvenez-vous du passage de Hébreux 10:14: "Car par une seule offrande il a amené à la perfection pour toujours ceux qui sont sanctifiés." Autrement dit, en progressant dans la sainteté, nous avançons vers notre héritage.

Où la foi entre-t-elle en action?

Nous en arrivons maintenant à l'aspect pratique. Comment pouvons-nous nous approprier ce qui a été pourvu pour nous à la croix?

La première chose que nous devons souligner, c'est la foi: "Or, sans la foi il est impossible de lui être agréable; car il faut que celui qui s'approche de Dieu croie que Dieu existe et qu'il est le rémunérateur de ceux qui le cherchent." (Hébreux 11:6)

Ce n'est pas la peine d'essayer de plaire à Dieu sans la foi; c'est impossible. Que devons-nous croire? Selon Hébreux 11:6, nous devons croire en deux choses qui concerne Dieu: "Que Dieu existe et qu'il est le rémunérateur de ceux qui le cherchent."

La plupart des gens croient que Dieu existe, mais ce n'est pas suffisant. Vous devez croire que, si vous cherchez Dieu avec zèle, il vous récompensera. La foi est essentielle, mais il y quelque chose d'encore plus essentiel qui est le zèle.

Examinez la Bible attentivement et voyez si vous pouvez trouver un passage parlant en bien de la paresse. Il n'y a pas un seul mot de bien sur la paresse! La Bible condamne l'ivrognerie et elle condamne encore plus sévèrement la paresse. Cependant, certaines de nos valeurs dans l'Eglise sont tordues parce que nous condamnons les gens qui sont ivrognes et que nous tolérons les paresseux.

Non seulement la foi est essentielle, mais le zèle l'est autant. Dieu n'a pas de récompense pour la paresse; cela nous demande d'ajuster nos priorités! Nous devons avoir la foi que, si nous cherchons Dieu avec zèle, nous serons récompensés.

Il y a des moments où vous croyez chercher Dieu de tout votre cœur et pourtant vous ne semblez pas récompensé. (Je suis sûr que je ne suis pas la seule personne à qui cela est arrivé.) C'est là que vous devez tenir dans la foi. Hébreux 11:6 dit que Dieu est "le rémunérateur de ceux qui le cherchent", que vous le voyiez ou que vous le sentiez avec zèle. Quoi qu'il se produise, votre récompense est certaine. Il se peut qu'elle ne vienne pas au moment où vous l'attendiez ni sous la forme escomptée, mais elle est certaine. Dieu est le "rémunérateur de ceux qui le cherchent".

Comment obtenons-nous une telle foi?

J'ai raconté plus haut comment j'avais été malade durant tout un an à l'hôpital, cherchant désespérément la foi, et comment Dieu m'a donné un merveilleux passage de l'Ecriture. Combien je le remercie pour Romains 10:17! Cela a été un rayon de lumière dans mes ténèbres: "Ainsi la foi vient de ce qu'on entend et ce qu'on entend vient de la parole de Dieu."

Cette parole a été pour moi une planche de salut pour sortir de l'hôpital. Elle est encore très réelle pour moi.

Mais ne simplifions pas à outrance. Certaines personnes disent que la foi vient en entendant la parole de Dieu, mais ce n'est pas exactement ce que Paul dit. Il affirme que ce qui vient de la parole de Dieu, c'est l'écoute, et ce qui vient de ce qu'on entend, c'est la foi. Ce sont deux étapes. Quand vous vous exposez à la parole de Dieu avec un esprit et un cœur ouverts, ce qui vient d'abord, c'est l'écoute, la capacité d'entendre ce que Dieu dit. Cela devient réel pour vous. A partir de cette écoute se développe la foi.

Donner du temps à Dieu

Le problème est que beaucoup d'entre nous ne prennent pas le temps nécessaire pour écouter ce qui produirait la foi. Vous devez vous exposer à la parole de Dieu sans vous fixer de limite de temps. C'est l'une des choses que j'ai découvertes au cours de ma marche avec le Seigneur – ne pas fixer de limite de temps pour Dieu. Si nous commençons à prier en sachant que nous n'avons qu'une demi-heure, nous ne recevrons que ce que nous pouvons avoir en une demi-heure. Si nous avons l'attitude d'être là sans limite dans le temps pour écouter Dieu, c'est différent.

Dieu n'offre pas la foi instantanément. Nous sommes tellement habitués à l'instantané que nous présumons que Dieu agit aussi comme cela. Beaucoup de chrétiens croient que Dieu est une sorte de machine automatique céleste. Trouvez la bonne pièce, mettez-la dans la bonne fente et vous avez la boisson désirée. Dieu n'est pas comme cela; il n'est pas une machine, il est une personne. Vous devez vous confier en lui d'une façon très personnelle pour obtenir des résultats.

Aussi je vous conseille de vous préparer à donner plus de temps que la plupart des chrétiens pour écouter ce que Dieu vous dit à travers sa Parole. Si vous ne prenez pas le temps pour écouter, tout ce que vous ferez, c'est lire la Bible. La foi ne vient pas de la lecture de la Bible, elle vient en écoutant Dieu à travers la Bible. D'abord écouter, ensuite la foi.

Laissez Dieu vous parler

Dans Romains 10:17, le mot grec pour "parole" est "rhema". Il ne se réfère pas à la parole de Dieu établie pour toujours dans le ciel (le mot grec pour cela est "logos"), mais à celle que Dieu vous donne à un moment donné. Comme Jésus le dit dans Matthieu 4:4: "L'homme ne vivra pas de pain seulement, mais de toute parole ("rhema") qui sortira de la bouche de Dieu."

Nous ne vivons pas grâce à un livre imprimé qui s'appelle la Bible, si je puis m'exprimer ainsi, mais par la parole devenue réelle pour nous personnellement à tout moment par le Saint-Esprit. La Bible est un ouvrage rempli de feuilles de papier blanc avec des marques noires dessus. Ces marques noires ne nous font aucun bien. Ce qui les transforme en quelque chose, qui produit la foi, c'est le Saint-Esprit qui fait de la parole de Dieu une parole vivante. Elle devient donc un "rhema".

Durant les premiers mois que j'ai passés dans l'armée britannique, alors que j'étudiais la Bible comme un philosophe, j'ai senti qu'il était de mon devoir de savoir ce qu'elle avait à dire. Il n'y avait rien en elle qui m'attirait. Simplement, je sentais que je ne pourrais pas parler d'elle avec autorité si je ne savais pas ce qu'elle disait. Lire la Bible a été ennuyeux! Seule la détermination m'a aidé à le faire. "Aucun livre ne va me battre, pensais-je. Je commencerai au début et je la lirai jusqu'au bout." Après neuf mois, j'ai fait une rencontre surnaturelle avec Jésus au milieu de la nuit. Ce n'était pas une décision intellectuelle, mais une expérience. Le jour suivant, quand j'ai pris ma Bible, c'était complètement différent! C'était comme s'il n'y avait que deux personnes dans l'univers, Dieu et moi. La Bible était maintenant la voix de Dieu qui me parlait personnellement. C'était fantastique!

C'est là que chacun d'entre nous doit arriver. Quel que soit l'effort nécessaire, ne vous arrêtez pas dans votre relation avec Dieu dans laquelle sa parole vous parle personnellement. Vous devez d'abord cultiver l'écoute; de là naîtra la foi!

Comment lire la Bible

Puis-je vous faire deux suggestions sur la façon dont on doit s'approcher des Ecritures?

Comme la parole de Dieu

Paul était très fier des chrétiens de Thessalonique; il leur disait qu'ils étaient un exemple pour les autres chrétiens autour d'eux. Il énonce l'une des raisons de leur succès dans 1 Thessaloniciens 2:13: "... en recevant la parole de Dieu que nous vous avons fait entendre, vous l'avez reçue non comme la parole des hommes, mais ainsi qu'elle l'est véritablement, comme la parole de Dieu, qui agit en vous qui croyez."

Lorsque vous recevez l'Ecriture, recevez-la non pas comme la parole des hommes – pas au même niveau que les écrits humains et la sagesse humaine –, mais comme Dieu lui-même qui vous parle; elle accomplira son œuvre en vous. Quand vous ouvrez votre cœur par à la parole de Dieu, elle fera en vous ce que Dieu a dit qu'elle allait faire. Elle œuvre effectivement en vous qui croyez.

Avec douceur

Dans Jacques 1:21, nous lisons une deuxième exigence: "C'est pourquoi, rejetant toute souillure et tout excès de malice, recevez avec douceur la parole qui a été plantée en vous, et qui peut sauver vos âmes."

Que signifie "recevoir la parole de Dieu avec douceur"? Cela veut dire "reconnaître que Dieu est le professeur et que nous sommes les élèves". Nous ne disons pas à Dieu comme il doit diriger l'univers, ni comment il doit s'occuper de nos vies; nous le laissons nous enseigner avec humilité.

Récemment, j'ai trouvé une nouvelle définition de la foi, très simple: La foi, c'est prendre Dieu au sérieux. Lire la Bible avec foi, c'est prendre au sérieux tout ce que Dieu dit. Quand Dieu dit: "Fais cela", nous le faisons.

Voici un exemple. Si vous le comprenez, cela va changer votre vie! 1 Thessaloniciens 5:18 nous dit: "Rendez grâces en toutes choses." Pour quelles choses? Pour toutes. Vous le croyez? Le prenez-vous au sérieux? Le faites-vous?

Quand vous vous habillez, remerciez Dieu pour vos habits. Souvenez-vous que beaucoup de gens n'ont pas assez d'argent pour se vêtir. Que faites-vous quand vous mettez vos chaussures? Beaucoup de gens dans le monde n'en ont pas.

Quand vous montez dans votre voiture, remerciez Dieu pour votre voiture. Quand vous roulez sur l'autoroute, remerciez Dieu pour l'autoroute; même s'il y a des bouchons, il faut beaucoup d'argent et de travail pour la construire. Ne considérez pas tout comme acquis. Autrement dit, ne remerciez pas Dieu uniquement quand vous y pensez, mais prenez l'habitude de le faire pour toutes choses. Cela vous transformera!

C'est un exemple de ce que je veux dire par "recevoir la parole de Dieu avec douceur". Vous pouvez penser que ce que je dis n'est pas raisonnable puisque, après tout, vous avez payé vos habits, vos chaussures et votre voiture. Non. Recevez sa parole avec douceur. Dites: "D'accord, Seigneur, ta parole me dit de te remercier, alors je vais te remercier pour toutes ces choses."

Passer du légal à l'expérimental

Je termine ce chapitre par un résumé sur la façon de passer du légal à l'expérimental à travers l'application de la parole de Dieu. Jésus dit, dans Matthieu 6:33: "Cherchez premièrement de royaume de Dieu et sa justice..."

Donnez à Dieu et à sa parole la priorité dans votre vie plus que toute autre chose. Cherchez Dieu et sa parole en premier lieu. Souvenez-vous de passer assez de temps dans sa Parole pour vraiment construire votre foi. Recevez l'Ecriture comme la parole personnelle de Dieu pour vous, et recevez-la avec douceur, en obéissant dûment à ses commandements.

Laissez ces choses avoir la priorité sur toute autre chose dans votre vie. Quand vos priorités sont ajustées et que vous avez envers Dieu et sa parole l'attitude qui permet à la foi de se développer, vous êtes sur la bonne voie pour recevoir ce que Dieu a prévu pour vous. Vous pouvez alors vous approprier tout ce que Jésus a prévu à travers sa mort sur la croix.

CHAPITRE DIX-SEPT

NOTRE GUIDE PERSONNEL VERS LE SALUT TOUT COMPRIS

Nous avons vu que le sacrifice de Jésus sur la croix a donné tout ce qui pouvait être utile, pour ce temps et pour l'éternité, pour chaque croyant. Il est complet, mais nous l'approprier est progressif. Comment entrons-nous dans tout ce que Dieu a prévu à travers le sacrifice de Jésus sur la croix?

Dans le chapitre précédent, j'ai fait remarquer que l'exigence essentielle, c'est la foi. Celui qui vient à Dieu doit croire. La foi n'est pas une option. Selon Hébreux 11:6, vous devez croire que Dieu existe et qu'il est le rémunérateur de ceux qui le cherchent.

Dans ce chapitre, nous voyons une autre exigence, celle d'apprendre à se confier dans le Saint-Esprit. L'Esprit nous guide pour nous approprier toutes les provisions de l'expiation de Christ. Il vous conduira personnellement vers ce dont vous avez besoin.

Le salut, ce n'est pas seulement le pardon des péchés – bien que, merci Seigneur, cela soit une partie essentielle du salut! Le salut, c'est tout ce que Dieu a prévu pour son peuple à travers le sacrifice de Jésus.

Dans le chapitre quatre, j'ai parlé du mot grec "sozo", en principe traduit par "sauvé". J'ai fait remarquer que ce terme est utilisé dans les Evangiles pour guérir les malades, délivrer les gens des esprits mauvais, ressusciter les morts et préserver le peuple de Dieu. Ce même mot décrit tous ces aspects. Ma définition du salut est donc celle-ci: qui couvre tout ce qui a été prévu pour nous – spirituellement, physiquement, émotionnellement, matériellement – par le sacrifice de Jésus sur la croix pour ce temps et pour l'éternité.

Naître de nouveau est une seule et unique expérience. Cela arrive une seule fois et vous amène dans le salut. Etre sauvé, c'est une expérience progressive – quelque chose que vous devez découvrir, explorer et posséder.

Le salut, c'est comme le pays de Canaan qu'Israël devait conquérir par étapes. Dans le Psaume 78, nous lisons que le salut couvre tout ce que Dieu a fait pour les Israélites, son peuple, de l'Egypte à la Terre promise. Il inclut tout acte de reconnaissance, de bénédiction et de provision. Il couvre leur délivrance de l'Egypte, leur passage de la mer Rouge, la venue de la nuée sur eux, la manne, l'eau jaillissant du rocher, le fait que leurs vêtements et leurs chaussures ne se soient pas usées et que Dieu ait chassé les nations devant eux. Tout cela et encore d'autres choses sont résumées dans ce seul mot de "salut".

Mais Israël était incrédule et désobéissant et "a parlé contre Dieu" (verset 19). "Oui, l'Eternel entendit et fut en courroux; un feu s'alluma contre Jacob, et la colère s'éleva contre Israël, parce qu'ils ne croyaient pas en Dieu, parce qu'ils n'avaient pas confiance en son salut." (versets 21 et 22) Quel était le problème de fond des Israélites? Ils ne croyaient pas en Dieu et n'avaient pas confiance dans son salut. Il est évident, par ce passage, que l'incrédulité rend Dieu furieux.

Serait-il possible qu'il existe le même problème dans l'Eglise? Nous ne croyons pas en Dieu comme il nous le demande. Nous ne lui faisons pas confiance pour tous nos besoins. Pourtant, Dieu veut que nous lui fassions confiance pour toutes choses.

Dans Romains 8:32, Dieu déclare qu'il a pourvu à "toutes choses" pour nous. Ce verset est comme un chèque en blanc. Dieu a signé le chèque et a mis notre nom dessus, sans y inscrire la somme. Vous pouvez y mettre celle que vous avez besoin!

"Lui, qui n'a pas épargné son propre fils, mais qui l'a livré pour nous tous, comment ne nous donnera-t-il pas aussi toutes choses avec lui?" Si Dieu était prêt à donner Jésus pour qu'il meure à la croix, le plus précieux trésor de l'univers, et le plus proche du cœur de Dieu – que pourrait-il garder? Souvenez-vous que, sans Jésus, vous ne pouvez rien réclamer à Dieu à part le jugement. Avec lui et grâce à lui, Dieu vous donnera tout ce dont vous avez besoin. Il n'y a rien de plus à faire, aucun supplément à payer. Dieu vous donne tout librement.

C'est le salut tout compris. Il vient à travers le don du sacrifice de Jésus sur la croix. Nous ne pouvons cependant entrer dans ce salut pleinement tant que nous ne reconnaissons pas le rôle que joue le Saint-Esprit.

Que fait le Saint-Esprit?

Le grec utilise trois genres – masculin, féminin et neutre. Le mot grec pour "esprit" est "pneuma" – "vent", "souffle" ou "esprit" – et il est neutre. Le pronom correct pour "esprit" devrait donc être "cela". Quand Jésus parle du Saint-Esprit, dans Jean 16:13 par exemple, il ne dit pas "cela", mais "il". Il dit: "Quand le consolateur sera venu, l'Esprit de vérité, il..." Les lois de grammaire sont donc balayées dans ce passage. Jésus souligne que, malgré un usage grammatical normal, le Saint-Esprit n'est pas neutre, mais du genre masculin. Le Saint-Esprit est autant une personne que Dieu le Père ou Dieu le Fils.

L'une des clés pour réussir dans la vie chrétienne, c'est d'apprendre à se confier au Saint-Esprit en tant que personne. Si nous l'invitons à entrer et que nous remplissons les conditions, le Saint-Esprit viendra à nous comme une personne. Nous devons apprendre à nous confier en lui comme une personne. Etre ami avec lui; "c'est une personne agréable avec laquelle nous voulons être amis!"

Que fait le Saint-Esprit pour nous aider à nous approprier toutes les provisions de l'expiation de Christ?

Il administre le salut

Le Saint-Esprit est le seul administrateur du salut. Il tient la clé des réserves de toutes les provisions de Dieu, il ouvre la maison du trésor de Dieu et nous donne ce dont nous avons besoin. Il est pourtant l'une des personnes les plus négligées dans l'Eglise! Même les pentecôtistes et les charismatiques, qui parlent beaucoup du Saint-Esprit, l'ignorent souvent.

Si vous voulez recevoir votre héritage et recevoir ce que Dieu a prévu pour vous, soyez ami avec le Saint-Esprit. Dans Jean 16:7, Jésus se préparait pour laisser ses disciples et les préparait à ce qui allait venir: "Cependant, je vous le dis en vérité, il vous est avantageux que je m'en aille, car si je ne m'en vais pas, le consolateur (le Saint-Esprit) ne viendra pas vers vous; mais, si je m'en vais, je vous l'enverrai."

Remarquez que Jésus parlait d'un échange de personnes. "Moi, en tant que personne, je retourne au ciel." Il disait: "Mais à ma place, j'enverrai une autre personne." Puis il a dit quelque chose d'étonnant: "Il vous est avantageux que je m'en aille." Autrement dit: "Il vaut mieux que j'aille au ciel et que le Saint-Esprit vienne sur la terre, plutôt que de rester comme maintenant, moi sur la terre et le Saint-Esprit au ciel."

La plupart des chrétiens ne voient pas cela. Nous pensons combien il aurait été merveilleux de vivre du temps de Jésus sur terre, avec ses disciples. Ce serait merveilleux, mais Jésus disait: "C'était juste une étape de transition. Maintenant, il vous est avantageux que je m'en aille et que le Saint-Esprit prenne ma place sur terre. Et, du ciel, je pourrai œuvrer à travers l'Esprit partout sur la terre en même temps, sans être limité par mon corps physique. Alors il vous est avantageux que je m'en aille."

Il nous guide dans la vérité et nous montre Jésus

Jésus continue et dit, dans Jean 16:13: "Quand le consolateur sera venu, l'Esprit de vérité, il vous conduira dans toute la vérité; car il ne parlera pas de lui-même, mais il dira tout ce qu'il aura entendu, et il vous annoncera les choses à venir."

Le Saint-Esprit est la personne de l'univers qui attire le moins les regards sur elle. C'est pourquoi, en un sens, nous avons tendance à l'ignorer. Jésus a dit que, lorsque le Saint-Esprit sera venu, il ne dira rien de lui-même, mais seulement ce qu'il entendra du Père et du Fils. Vers qui le Saint-Esprit attire-t-il l'attention? Il l'attire vers Jésus qui dit: "Il me glorifiera." (Jean 16:14)

L'un des tests pour savoir si quelque chose vient bien du Saint-Esprit, ce n'est pas le volume de bruit qu'elle produit, mais si elle glorifie Jésus. Si cette chose élève une personnalité humaine ou attire l'attention sur une doctrine ou une dénomination, ce n'est pas l'œuvre du Saint-Esprit. Le Saint-Esprit ne glorifie pas ces choses, il glorifie plutôt Jésus.

Si nous voulons attirer le Saint-Esprit – une activité qui mérite notre engagement! –, nous devrions prendre du temps pour louer et élever le nom de Jésus. Alors le Saint-Esprit se dira: "C'est cela que je veux entendre. Je vais aller passer un peu de temps avec ces gens."

Il est bon d'apprendre ce que le Saint-Esprit aime et d'aller au-devant de ses désirs.

Il nous aide à discerner la vérité

Non seulement le Saint-Esprit va nous guider dans toute la vérité, mais il est également le seul guide digne de confiance. Jean écrit aux premiers chrétiens: "Pour vous, vous avez reçu l'onction de la part de celui qui est saint, et vous avez tous de la connaissance." (1 Jean 2:20) Jean se référait au Saint-Esprit. Puisse le peuple de Dieu aujourd'hui avoir cette onction pour discerner entre ce qui est la vérité et ce qui est faux! Souvent, des chrétiens "remplis de l'Esprit" sont les gens les plus faciles de la terre à berner. Ils n'ont pas appris à distinguer entre ce qui fait du bruit, ce qui vient de la chair et ce qui est ostentatoire avec ce qui glorifie Jésus.

Lisons Jean 16:14-15: "Il me glorifiera (l'Esprit) parce qu'il prendra de ce qui est à moi, et vous l'annoncera. Tout ce que le Père a est à moi; c'est pourquoi j'ai dit qu'il prend de ce qui est à moi et qu'il vous l'annoncera."

Remarquez la modestie de Jésus! Il ne veut pas nous donner l'impression qu'il est celui qui possède tout dès l'origine. Il dit: "C'est à moi parce que le Père me l'a donné." Quel bel exemple de l'élévation de l'autre! Le Saint-Esprit glorifie Jésus et Jésus glorifie le Père. Puis il nous montre le Saint-Esprit. Il dit: "Quand le Saint-Esprit sera venu, il prendra de ce qui est à moi et vous le révélera ou vous le communiquera."

Nous voyons donc que le Saint-Esprit tient la clé de la réserve des trésors de Dieu. Tout ce que le Père et le Fils ont est administré par le Saint-Esprit. Beaucoup de chrétiens étudient la

doctrine, mais ils ne se sont jamais fait un ami du Saint-Esprit.
Cela vaut vraiment la peine d'être ami avec lui!

Une image biblique

Nous avons, dans l'Eglise, un merveilleux guide et protecteur
pour notre long voyage à travers la vie; c'est le Saint-Esprit.
Genèse 24 nous donne une belle image de son rôle, à travers
l'histoire d'Abraham qui cherche une femme pour son fils
Isaac: "Je ne prendrai pas une épouse pour mon fils des filles de
Canaan, dit Abraham en se référant à une coutume typique du
Moyen-Orient de l'époque, et qui se pratique encore de nos
jours. Elle doit venir de ma tribu." Alors le patriarche envoie
son serviteur vers son peuple pour trouver la bonne épouse et la
ramener.
Dans cette histoire, Abraham est une image de Dieu le Père.
Isaac, seul fils engendré, est une image de Jésus-Christ.
Rébecca, épouse choisie, représente l'Eglise. Un autre
personnage qui n'est jamais nommé, le serviteur, est l'image du
Saint-Esprit. Genèse 24 est l'autoportrait du Saint-Esprit, mais
il ne le signe jamais.
Le serviteur anonyme part avec dix chameaux chargés de
cadeaux (si vous avez passé un peu de temps au Moyen-Orient
comme moi, vous réalisez tout ce qu'un chameau peut porter!).
De la même manière, quand le Saint-Esprit vient, il ne vient pas
les mains vides. Il a dix chameaux avec lui chargés de cadeaux
(vous êtes vraiment insensé si vous ne vous liez pas d'amitié
avec lui!).
Quand le serviteur arrive près du puits pour chercher la jeune
fille, il prie: "Dieu de mon maître Abraham, je te demande que
la jeune fille que tu as choisie offre de l'eau non pas seulement
à moi (ce que tout le monde aurait fait), mais aussi à mes
chameaux."
Comme un chameau peut boire cent soixante litres d'eau, et que
le serviteur en a dix, la jeune femme devra puiser mille six cents
litres d'eau. Une jeune fille qui fait cela n'est pas seulement
gentille et jolie, mais elle est aussi musclée. Quelle femme elle
ferait!

Cela me rappelle le commentaire d'un jeune homme en Afrique, où j'ai enseigné pendant cinq ans à des étudiants qui voulaient devenir professeurs. Je me promenais avec mes étudiants et je leur ai posé des questions à brûle-pourpoint. J'ai demandé une fois à un jeune homme: "Dis-moi, quel genre de fille voudrais-tu épouser?" Sans hésiter, il a répondu: "Elle doit être noire et musclée." Je ne connais pas exactement la couleur de Rébecca, mais je vous garantis qu'elle n'était pas blanche et qu'elle était certainement musclée!

Tandis que le serviteur est près du puits, arrive une jeune femme, à qui le serviteur dit: "Donne-moi de l'eau, je te prie." Elle lui répond: "Bois, et je donnerai aussi à boire à tes chameaux."

C'est une image de l'Eglise! Non pas une délicate jeune femme assise au premier rang et qui chante des cantiques, mais une femme musclée, prête à travailler et à abandonner sa vie.

Le serviteur pense: "C'est cette jeune fille." Après que le serviteur a rencontré les membres de la famille de Rébecca et lui a rapporté le désir d'Abraham de trouver une femme pour son fils, ils ont posé la question à Rébecca: "Veux-tu aller avec cet homme?" Décidant de son avenir, elle a répondu: "J'irai."

C'est la foi. Elle ne connaissait même pas le serviteur depuis vingt-quatre heures, mais elle est partie pour un long et dangereux voyage avec lui pour seul guide et protecteur. Nous aussi, en tant qu'Eglise, nous avons un long et dangereux voyage avant de rencontrer notre époux, mais nous avons un merveilleux guide et protecteur, le Saint-Esprit.

De plus, Rébecca n'avait jamais vu l'homme qu'elle allait épouser. Tout ce qu'elle savait sur Isaac, elle l'avait appris du serviteur. Tout ce que nous savons de Jésus, jusqu'à ce que nous le rencontrions, nous l'avons appris du Saint-Esprit. Nous perdrons beaucoup si nous ne cultivons pas une relation intime et profonde avec l'Esprit.

Se confier dans l'Esprit pour le ministère

Romains 8:14, que nous avons déjà lu, est un passage important pour ceux qui désirent se préparer au ministère dans le corps de

Christ: "Car ceux qui sont conduits par l'Esprit sont fils de Dieu."

Paul utilise un temps continu, ceux qui sont "régulièrement" conduits par l'Esprit de Dieu. Qui sont les fils de Dieu? Ceux qui sont "régulièrement" conduits par l'Esprit. Autrement dit, je vis comme fils de Dieu si je suis régulièrement conduit par son Esprit.

Vous aussi, vous devez être conduit non pas par des règles, des principes, des techniques, des procédures et tout le reste, mais par l'Esprit de Dieu. Vous avez peut-être appris certaines règles, principes, procédures ou techniques, et je ne dis pas que tout cela est mauvais; ce qui l'est, c'est de ne se confier qu'en eux. Il n'y a qu'une personne en qui nous pouvons avoir totalement confiance, et c'est le Saint-Esprit. Si nous nous confions en lui, il nous guidera vers les principes, les règles, les procédures ou les techniques appropriées. Si nous nous confions uniquement dans des règles, nous n'obtiendrons que ce que les ressources humaines peuvent nous offrir.|

En tant que chrétiens, nous devrions offrir au monde davantage que cela. Par exemple un psychologue a ses règles et arrive à un diagnostic qui peut être juste ou pas. Mais nous sommes appelés à faire plus que cela. Nous avons un merveilleux ami dont le nom est Saint-Esprit. Il met à notre disposition des ressources surnaturelles et divines.

Je vous en supplie, ne devenez pas psychiatre amateur! Les psychiatres peuvent être dangereux, et les psychiatres amateurs peuvent être extrêmement dangereux. Quand quelqu'un vient vous voir pour un conseil, ne dressez pas immédiatement une liste de symptômes. Confiez-vous dans le Saint-Esprit. Il vous guidera peut-être vers la liste de symptômes, et celle-ci peut être bonne; vous ne pouvez cependant pas vous confier en elle. Vous ne pouvez vous confier que dans le Saint-Esprit lui-même.

Certaines personnes utilisent la technique de conseil, qui consiste à vous ramener du présent à votre enfance, votre petite enfance et jusque dans le ventre de votre mère. Quand Jésus a rencontré la Samaritaine au puits, il ne lui a pas retracé son enfance et sa petite enfance; il a eu une parole de connaissance par le Saint-Esprit: "Car tu as eu cinq maris, et celui que tu as maintenant n'est pas ton mari." (Jean 4:18) Jésus n'a pas eu besoin d'en dire plus; sa perspicacité a dévoilé tout son cœur et toute sa vie instantanément.

Lydia, qui est maintenant avec le Seigneur, était une épouse surprenante à tous égards. Elle était Suédoise et elle était réellement Viking!

Une fois, alors que nous envisagions d'acheter une maison, deux femmes de l'agence immobilière sont venues nous voir, bien décidées à nous vendre la maison. Elles étaient vraiment déterminées. En s'asseyant sur le canapé, Lydia a regardé l'une d'entre elles et lui a dit soudainement: "Je pense que vos jambes sont inégales. Voulez-vous que mon mari prie pour vous?"

Comment aurait-elle pu dire non? Je me suis alors agenouillé devant la femme agent immobilier, j'ai découvert ses jambes d'inégale longueur et j'ai prié pour elle. La jambe plus courte s'est mise à grandir sous nos yeux. Elle était en état de choc.

Je suis rapidement allé vers l'autre femme. "Puis-je vérifier vos jambes?" Elles ont aussi grandi. Puis je lui ai dit: "Et vos bras?" "Oh! non, m'a-t-elle répondu, cela suffit!"

A partir de cet instant, ces femmes sont devenues différentes. Au lieu d'être des femmes agents immobiliers dures en affaires, elles sont devenues des personnes réelles avec des problèmes réels, qu'elles voulaient partager avec Lydia et moi. Et elles nous ont vendu une belle maison.

Qu'est-ce qui a fait la différence? C'est le Saint-Esprit.

Le Saint-Esprit vous conduira à vous approprier toutes les promesses de l'expiation de Christ. Il tient la clé de la réserve de toutes les provisions de Dieu, et il sera votre guide personnel.

CHAPITRE DIX-HUIT

PRENDRE POSSESSION DE CE QUI EST À NOUS

Dans les chapitres précédents, nous avons vu qu'à travers le sacrifice de Jésus sur la croix, Dieu nous a accordé un salut complet et parfait. "Parfait à tous égards, parfait dans tous ses aspects." Dieu nous a aussi donné un guide divin pour nous conduire dans notre héritage. Ce guide, c'est le Saint-Esprit.

Nous avons lu l'expérience de Josué et des enfants d'Israël pour nous montrer comment Dieu amène son peuple dans son héritage. Dans Josué 1:2, Dieu dit: "Je vous donne le pays." Puis au verset 3: "J'ai donné le pays." A partir de là, le pays appartenait légalement aux Israélites, même s'ils n'avaient pas commencé à l'occuper. Ce qui était légalement à eux est devenu à eux dans l'expérience.

La même chose est vraie pour nous en ce qui concerne le sacrifice de Jésus sur la croix. Jésus a tout accompli. Il a pourvu un salut parfait, complet et tout compris. Mais nous devons passer du légal à l'expérimental; la croix doit devenir réelle dans nos vies. Nous devons nous approprier, en réalité, toute la provision que Jésus a faite pour nous. Ce n'est pas une expérience unique, mais une série d'expériences progressives.

Nous avons également souligné différentes utilisations du mot "salut" dans le Nouveau Testament Nous avons vu qu'il inclut diverses façons dont Jésus œuvre dans nos vies. Son salut n'est pas limité au pardon du péché, il inclut aussi la guérison physique, la délivrance des démons et même la résurrection des morts. Tout cela et encore davantage est compris dans un seul terme qui est "salut".

Tout cela a été mis à notre disposition. Légalement, c'est déjà à nous par la foi en Christ. Mais comme pour Josué et les Israélites, nous devons passer du légal à l'expérimental. Le modèle scriptural de fond par lequel nous pouvons faire cela a été établi le jour de la Pentecôte, comme nous le narre Actes 2:38-39.

Après que Pierre a décrit la vie, la mort et la résurrection de Jésus, la multitude convaincue mais toujours inconvertie a crié: "Hommes frères, que devons-nous faire?" En réponse, Pierre, en tant que porte-parole de Dieu et de l'Eglise, a donné trois conditions qui sont **repentez-vous, soyez baptisés** et **recevez le Saint-Esprit.** Ce sont les trois étapes scripturales par lesquelles nous pouvons entrer dans la plénitude du salut que Jésus a obtenu pour nous. Nous regarderons brièvement ce qui est contenu dans chacun de ces paramètres.

Repentez-vous
Pour bien comprendre la repentance, nous devons examiner les différents mots en grec utilisés dans le Nouveau Testament, et ceux en hébreu de l'Ancien Testament. Le verbe grec "metanoo" signifie "changer d'avis". C'est essentiellement une **décision.** Le mot hébreu "shub" veut dire "se détourner" ou "revirement". C'est une action.

Quand nous mettons ensemble ces deux termes, nous avons l'image complète de la repentance. C'est une **décision** suivie d'une **action.** Je prends d'abord la décision, puis je la fais suivre de l'action appropriée.

Nous en avons un exemple frappant dans la parabole du fils prodigue, située dans Luc 15:11-32. Il prend d'abord une décision: "Je me lèverai et j'irai vers mon père." (verset 18) Puis il la fait suivre de l'action appropriée, celle de faire demi-tour et de retourner à la maison par le chemin par lequel il était venu.

Pour illustrer par un exemple contemporain, nous pourrions dire que la repentance, c'est faire demi-tour. Vous êtes allé dans la mauvaise direction, vous vous arrêtez, vous prenez un virage à cent quatre-vingts degrés et vous partez dans la direction opposée. Votre repentance n'est complète que lorsque vous partez dans la nouvelle direction.

La demande de repentance de la part de Dieu a été d'abord donnée par le précurseur de Jésus, Jean-Baptiste, dans Matthieu 3:2: "Repentez-vous, car le royaume des cieux est proche." Cela a été également dit par Jésus lui-même dans Marc 1:15: "Le royaume de Dieu est proche. Repentez-vous et croyez à l'Evangile."

Malheureusement, beaucoup de prédications aujourd'hui oublient presque complètement la première étape que nous devons faire, **se repentir**.

Il y a quelques années, je participais à une réunion dans le sud-est de l'Asie. La plupart des gens étaient d'origine chinoise. Fort peu de personnes connaissaient la Bible. Le prédicateur a donné un bon enseignement sur la façon dont on pouvait être guéri à travers la parole de Dieu, mais il n'a pas utilisé le mot "repentance". Puis il a dit: "Si vous voulez la guérison, venez devant; nous allons prier."

Je me suis retrouvé à essayer d'exercer mon ministère envers quelques-uns de cette foule qui se ruait vers nous. Leurs origines comprenaient l'adoration des ancêtres, des pratiques occultes et l'idolâtrie, et ils voulaient Jésus en plus de tout cela. Mais Jésus ne sera jamais d'accord pour être un complément aux autres choses de notre vie. Il est l'unique fondement de toute croyance chrétienne ou il n'est rien.

Le prédicateur aurait dû dire: "Détournez-vous des pratiques occultes et de vos voies mauvaises. Abandonnez l'adoration aux ancêtres et les pratiques idolâtres que vous avez eues durant plusieurs générations. Rompez une bonne fois pour toutes avec cela et venez à Jésus." Malheureusement, la repentance ne faisait pas partie de ce message. Le résultat de cette réunion a été la confusion plutôt qu'un ministère efficace. Peu de gens, s'il y en a eu, ont été sauvés, parce qu'ils n'avaient pas rempli la première condition pour le salut, à savoir la repentance.

Beaucoup d'églises aujourd'hui propagent un message un peu comme celui-ci: "Si vous voulez être libre de tous vos problèmes, venez et recevez Jésus." Le fait de recevoir Jésus ne résout pas tous vos problèmes. En fait, au début, il se peut que vous ayez à faire face à tout un tas de nouveaux problèmes!

La première exigence qui ne varie jamais pour le salut, c'est la repentance. Le Nouveau Testament ne reconnaît pas le fait de croire au salut sans repentance. Cette dernière se trouve toujours avant le fait de croire. Dans Luc 24:46-47, le Christ ressuscité explique à ses disciples la nécessité de sa mort:

"Ainsi qu'il est écrit que le Christ souffrirait, et qu'il ressusciterait des morts le troisième jour, et que la repentance et le pardon des péchés seraient prêchés en son nom à toutes les nations, à commencer par Jérusalem."

Quel était le message de l'Evangile que Jésus confiait à ses disciples? Non pas seulement le pardon des péchés, mais la repentance d'abord, puis le pardon des péchés.

Plus tard, dans Actes 20:20-21, alors que Paul décrit son ministère à Ephèse, il dit: "Vous savez que je n'ai rien caché de ce qui vous était utile, et que je n'ai pas craint de vous prêcher et de vous enseigner publiquement et dans les maisons, annonçant aux Juifs et aux Grecs la repentance envers Dieu et la foi en notre Seigneur Jésus-Christ."

Paul souligne très simplement le message qu'il a prêché à tous, Juifs ou Grecs, en public ou en privé. Repentez-vous et ayez foi en Dieu.

A la fin du Nouveau Testament, dans Apocalypse 2 et 3, Jean décrit le message de Jésus aux sept églises de la province d'Asie. Pour cinq d'entre elles, sa première exigence était la **repentance**. Certainement qu'aujourd'hui la proportion des églises qui ont besoin de repentance serait la même.

Au cours des années, j'ai conseillé des chrétiens ayant différents problèmes. En repensant à tout ce que j'ai entendu, j'en conclus que dans la plupart des cas il y avait une racine au problème, et c'est **le manque de repentance**. Si ces gens avaient reçu et obéi au message de la repentance, dans la plupart des cas ils n'auraient pas eu besoin de conseil. Leurs problèmes auraient été résolus.

Dans notre condition déchue, le premier péché dont nous avons tous à nous repentir est **la rébellion contre Dieu**. A la fin de la Seconde Guerre mondiale, les Alliés ont communiqué aux puissances de l'Axe la condition pour faire la paix: la reddition inconditionnelle. Ils ne feraient la paix sur aucun autre fondement. Dieu pose les mêmes conditions. Il ne fera la paix sur aucun autre fondement que la reddition inconditionnelle. Il n'y a aucun argument, aucune demande, aucune excuse, aucune réserve. Notre réponse sans équivoque doit être: "Seigneur, me voici; je me soumets. Dis-moi ce que je dois faire."

Se détourner du péché, se soumettre à Dieu et se confier en la seigneurie de Jésus, c'est là la vraie repentance. Tout au long de l'Ecriture, c'est la première condition non négociable pour le salut.

Etre baptisé
Le verbe "baptiser" vient directement d'un mot grec qui signifie "plonger" ou "immerger" sous une surface d'eau ou de tout autre liquide. En tant qu'ordonnance religieuse, les juifs du temps de Jésus pratiquaient déjà certaines cérémonies qui incluaient le baptême. Le baptême jouait aussi un rôle central dans le ministère de Jean-Baptiste. Quand les gens répondaient à son message de repentance, il leur demandait de se faire baptiser dans le Jourdain. Le baptême de Jean était donc une reconnaissance publique qu'une personne s'était repentie de ses péchés, mais cela n'allait pas plus loin.

Jésus lui-même s'est soumis au baptême de Jean en commençant son ministère. Le baptême de Jésus n'était cependant pas une reconnaissance ou une confession de péché, puisqu'il n'a jamais commis de péché. Dans Matthieu 3:15, Jésus explique la raison pour laquelle il s'est fait baptiser: "Pour accomplir tout ce qui est juste." Par sa soumission au baptême de Jean-Baptiste, Jésus a accompli, par un acte extérieur, la justice intérieure qu'il possédait de toute éternité. C'était la porte par laquelle il entrait dans son ministère public.

Le ministère de Jean-Baptiste était transitoire. Il scellait le ministère des prophètes de l'Ancien Testament et ouvrait la voie au ministère de Jésus et de l'Evangile. Une fois que Jésus a terminé son ministère terrestre et payé le prix pour nos péchés, le baptême de Jean-Baptiste n'était plus valable. Actes 19:1-5 raconte comment Paul a rencontré à Ephèse certains disciples de Jean-Baptiste et leur a expliqué le message de l'Evangile, en se focalisant sur la mort et la résurrection de Jésus. Après cela, les disciples de Jean-Baptiste ont été baptisés du baptême chrétien dans le nom du Seigneur Jésus.

Ce qui distingue le baptême chrétien de celui de Jean-Baptiste, c'est que, par cet acte, la personne baptisée s'identifie publiquement avec Jésus dans sa mort, dans son ensevelissement et dans sa résurrection. Paul rappelle, dans Colossiens 2:12: "Vous avez été ensevelis avec Christ par le baptême, vous êtes aussi ressuscités en lui et avec lui par la foi en la puissance de Dieu qui l'a ressuscité des morts." Afin d'accomplir le dessein de Dieu à travers l'Evangile, on demandait à tous ceux qui proclamaient le salut par la foi dans l'expiation de Jésus de donner un témoignage public de cela par un acte de baptême. C'était le signe distinctif qu'ils s'étaient engagés pour Jésus comme disciples.

Dans les communautés non chrétiennes du monde, comme les musulmans ou les hindous, l'acte public de baptême distingue le disciple de Jésus et cela provoque donc de fortes réactions de la part des incroyants.

Dans Marc 16:15-16, Jésus envoie ses premiers disciples avec cette instruction: "Allez par tout le monde et prêchez la bonne nouvelle à toute la création. Celui qui croira et qui sera baptisé sera sauvé, mais celui qui ne croira pas sera condamné."

Le baptême chrétien n'est pas un ajout au processus de salut; c'est la consommation de ce processus. Jésus n'a pas promis le salut à ceux qui croient sans être baptisés, et il n'y a pas de récit dans le Nouveau Testament de personnes qui proclament le salut à travers la foi en Christ sans l'être.

Ce qui est important, dans le baptême chrétien, ce n'est pas la mort ou l'ensevelissement, mais la résurrection, qui ouvre la porte à un style de vie totalement nouveau. Cela est merveilleusement résumé par Paul dans Colossiens 3:1-4: "Si donc vous êtes ressuscités avec Christ, cherchez les choses d'en haut, où Christ est assis à la droite de Dieu. Affectionnez-vous aux choses d'en haut et non à celles qui sont sur la terre. Car vous êtes morts, et votre vie est cachée avec Christ, en Dieu. Quand Christ, notre vie, paraîtra alors vous paraîtrez aussi avec lui dans la gloire."

Recevoir le Saint-Esprit

C'est la troisième et dernière étape du processus par lequel nous entrons dans notre héritage en Christ. Pour bien comprendre ce qui est en jeu, nous devons reconnaître que le Nouveau

Testament parle de deux façons différentes de recevoir le Saint-Esprit.

Jean 20:21-22 relate que Jésus, après sa résurrection, est d'abord apparu à ses disciples dans un groupe: "Jésus leur dit de nouveau: La paix soit avec vous! Comme le Père m'a envoyé, moi aussi je vous envoie. Après ces paroles, il souffla sur eux, et leur dit: Recevez le Saint-Esprit."

On pourrait rendre plus littéralement le verset 22 ainsi: "Il leur souffla dessus, et il leur dit: Recevez le souffle divin." Ses actions s'accordaient avec ses paroles. A cet instant, les disciples ont reçu le Saint-Esprit comme un souffle divin. En fait, ils étaient nés de nouveau du Saint-Esprit. Ils ont reçu la vie de résurrection divine, une vie qui a triomphé de Satan, du péché, de la mort et du tombeau.

C'est à la lumière de cela que l'apôtre dit, dans 1 Jean 5:4: "Tout ce qui est né de Dieu triomphe du monde." Il n'y a aucune puissance dans l'univers qui puisse faire échouer la vie éternelle de Dieu reçue par tout chrétien en Jésus qui est né de nouveau de l'Esprit.

Mais les disciples devaient recevoir davantage du Saint-Esprit. Lisons Actes 1:4-5, qui se situe dans la période des quarante jours entre la résurrection et l'ascension de Jésus: "... il leur recommanda de ne pas s'éloigner de Jérusalem, mais d'attendre ce que le Père avait promis, ce que je vous ai annoncé, leur dit-il; car Jean a baptisé d'eau mais vous, dans peu de jours, vous serez baptisés du Saint-Esprit."

Le baptême dans le Saint-Esprit était clairement un sujet de préoccupation pour les disciples, même après leur expérience du dimanche de la résurrection.

L'accomplissement de cette promesse de Jésus se trouve dans Actes 2:1-4: "Le jour de la Pentecôte, ils étaient tous ensemble dans le même lieu. Tout à coup, il vint du ciel un bruit comme celui d'un vent impétueux, et il remplit toute la maison où ils étaient assis. Des langues, semblables à des langues de feu, leur apparurent séparées les unes des autres, et se posèrent sur chacun d'eux. Et ils furent tous remplis du Saint-Esprit et se mirent à parler en d'autres langues, selon que l'Esprit leur donnait de s'exprimer."

Il y a eu trois phases successives dans l'expérience décrite ci-dessus. Il y a d'abord eu le **baptême**, une immersion. Ils ont tous été immergés dans le Saint-Esprit qui est descendu sur eux d'en haut. On aurait pu appeler cela le baptême "des chutes du Niagara".

Il y a ensuite eu une **effusion**. Ils ont tous été individuellement remplis du Saint-Esprit.

Il y a enfin eu un **débordement**. Le Saint-Esprit en eux a débordé à travers eux par un langage surnaturel. Ils ont glorifié Dieu dans des langues qu'ils ne connaissaient pas et qu'ils ne comprenaient pas.

L'expérience des disciples le jour de la Pentecôte démontrait le principe énoncé par Jésus dans Matthieu 12:34: "C'est de l'abondance du cœur que la bouche parle." Autrement dit, quand le cœur est plein, il déborde en paroles par la bouche.

Cette expérience du Saint-Esprit était l'équipement surnaturel approprié pour faire des disciples efficaces pour Jésus. Ils devaient être les témoins d'événements nécessitant une puissance surnaturelle: la résurrection et l'ascension de Jésus. Le témoignage pour de tels événements surnaturels nécessitait une puissance surnaturelle qui a d'abord été manifestée le jour de la Pentecôte, et qui continue à travers les récits du livre des Actes.

La puissance n'a jamais été retirée à l'Eglise et est encore disponible aujourd'hui. Dans 1 Corinthiens 1:4-8, Paul indique clairement que les dons surnaturels et les manifestations du Saint-Esprit doivent continuer dans l'Eglise jusqu'à la fin des temps: "Je rends à mon Dieu de continuelles actions de grâces à votre sujet, pour la grâce de Dieu qui vous a été accordée en Jésus-Christ. Car en lui vous avez été comblés de toutes les richesses qui concernent la parole et la connaissance, le témoignage de Christ ayant été solidement établi parmi vous, de sorte qu'il ne vous manque aucun don, dans l'attente où vous êtes de la manifestation de notre Seigneur Jésus-Christ. Il vous affermira aussi jusqu'à la fin, pour que vous soyez irréprochables au jour de notre Seigneur Jésus-Christ."

Nous pouvons résumer les opérations du Saint-Esprit décrites plus haut par la comparaison suivante durant ces deux jours critiques pour l'Eglise:

Dimanche de la résurrection	Dimanche de la Pentecôte
Christ réssuscité	Ascension du Christ
Le souffle du Saint-Esprit	La diffusion du Saint-Esprit
Résultat: vie ressuscitée	Résultat: puissance pour le témoignage

Pour ceux qui ont expérimenté le dimanche de la résurrection et qui sentent leur besoin d'expérimenter le dimanche de la Pentecôte, Jésus nous a offert une promesse que nous lisons dans Jean 7:37-39: "Le dernier jour, ce grand jour de la fête, Jésus s'est levé et s'est écrié: Si quelqu'un a soif qu'il vienne à moi et qu'il boive; celui qui croit en moi, comme dit l'Ecriture, des fleuves d'eaux vives couleront de son sein. Mais il parlait de l'Esprit que ceux qui croyaient allaient recevoir."
Il y a trois conditions simples qui sont celles d'avoir soif, de venir à Jésus et de boire jusqu'à ce que cela déborde!

Le modèle de l'Ancien Testament

Tout cela a été clairement annoncé dans le récit de la sortie d'Egypte du peuple d'Israël dans l'Ancien Testament, comme Paul nous le décrit dans 1 Corinthiens 10:1-2: "... nos pères ont tous été sous la nuée, ils sont tous passés au travers de la mer, ils ont tous été baptisés [...] dans la nuée et dans la mer..."
D'abord, lorsque les Israélites étaient encore en Egypte, ils ont été sauvés du jugement de Dieu par le sang de l'agneau pascal. Tout au long de l'Ecriture, l'agneau sacrifié représente Jésus, l'Agneau de Dieu, dont le sang versé sur la croix sauve les pécheurs repentants de leurs péchés et du jugement de Dieu.
Après cela, les Israélites ont été sauvés en dehors d'Egypte par ce que Paul appelle un "double baptême". Le baptême dans la nuée venant sur eux d'en haut est une image du baptême du Saint-Esprit. Le passage des Israélites à travers la mer Rouge séparée surnaturellement devant eux symbolise le baptême par

immersion dans l'eau. Ce double baptême a effectivement et définitivement séparé les Israélites de l'Egypte. C'est une image du monde et de sa condition déchue.

Le baptême dans la nuée est décrit dans Exode 14:19-20: "L'ange de Dieu qui allait devant le camp d'Israël partit et alla derrière eux; et la colonne de nuée, qui les précédait, partit et se tint derrière eux. Elle se plaça entre le camp des Egyptiens et le camp d'Israël. Cette nuée était ténébreuse d'un côté, et de l'autre elle éclairait la nuit. Et les deux camps n'approchèrent pas l'un de l'autre pendant tout la nuit."

Dans ce nuage surnaturel, l'Eternel lui-même est descendu pour protéger son peuple. Cela a eu un double effet. Pour les Egyptiens, il faisait nuit et c'était effrayant; pour les Israélites, c'était la lumière dans la nuit. Toute la nuit, il a empêché les Egyptiens d'approcher des Israélites.

C'est à travers la nuée que l'ange de Dieu s'est approché pour protéger son peuple. Jésus a indiqué que c'était à travers le Saint-Esprit qu'il reviendrait pour habiter en permanence avec ses disciples. La nuée préfigure clairement le résultat de la promesse que Jésus a donnée à ses disciples dans Jean 14:16-18: "Et moi, je prierai le Père, et il vous donnera un autre consolateur, afin qu'il demeure éternellement avec vous, l'Esprit de vérité (le Saint-Esprit) [...] Je ne vous laisserai pas orphelins, je viendrai à vous."

La description de l'exode d'Israël de l'Egypte indique que l'ange de Dieu était au milieu de la nuée qui séparait le camp d'Israël de celui des Egyptiens. De même, c'est par le Saint-Esprit que le Seigneur Jésus retourne vers son peuple qui croit pour faire sa demeure permanente en eux. Il pourvoit donc à la fois à la protection et à la consolation dans les temps de pression.

A travers ce double baptême, le peuple de Dieu a commencé un voyage à vie qui les conduirait dans l'héritage que Dieu avait préparé pour eux. Jour après jour, ils étaient guidés par la même nuée qui était descendue sur eux au bord de la mer Rouge. Le jour, cette nuée leur donnait un abri contre la chaleur du soleil, et la nuit la lumière dans l'obscurité. Quelle merveilleuse image du Saint-Esprit qui est à la fois un guide et un consolateur!

Durant ce voyage, les Israélites "ont tous mangé la même nourriture spirituelle, ils ont tous bu du même breuvage spirituel" (1 Corinthiens 10:3-4). La nourriture des Israélites, c'était la manne qui descendait avec la rosée chaque matin. Dans Matthieu 4:4, Jésus dirige de même ses disciples vers la nourriture spirituelle que Dieu a préparée pour son peuple du siècle présent: "L'homme ne vivra pas de pain seulement, mais de toute parole qui sortira de la bouche de Dieu." Pour les chrétiens d'aujourd'hui, la force spirituelle et la santé viennent d'une nourriture régulière et quotidienne de la parole de Dieu qui est venue à nous à travers les Ecritures.

Dans Jean 7:37-39, Jésus dit: "Si quelqu'un a soif, qu'il vienne à moi et qu'il boive. Celui qui croit en moi, des fleuves d'eau vive couleront de son sein, comme dit l'Ecriture. Il dit cela de l'Esprit qu'allaient recevoir ceux qui croiraient en lui; car l'Esprit n'était pas encore donné, parce que Jésus n'avait pas encore été glorifié."

Tout chrétien né de nouveau, rempli du Saint-Esprit, a en lui une source inépuisable d'eau vive.

Tout au long de notre voyage de la vie, notre santé spirituelle et notre bien-être dépendent de notre nourriture quotidienne: la parole de Dieu, l'Ecriture, et du fait que nous nous abreuvions chaque jour à la source du Saint-Esprit en nous. Dans ma propre expérience de chrétien, j'ai appris que cela vient d'une communion intime et journalière avec le Seigneur, nous nourrissant de sa parole et répondant dans la prière et l'adoration à l'action du Saint-Esprit dans nos cœurs. J'ai aussi compris que la manne que Dieu fournissait aux Israélites dans leur voyage dans le désert devait être ramassée de bonne heure le matin. Sinon, lorsque le soleil se lève, sa chaleur fait fondre la manne. Il est également important pour nous de nous nourrir de la parole de Dieu tôt dans la journée, avant que la chaleur de la journée, les soucis du monde et les responsabilités ne la fassent fondre.

A partir de la mer Rouge, c'est la nuée qui a guidé les Israélites durant tout leur voyage à travers le désert. Cela est illustré par les paroles de Paul dans Romains 8:14: "Ceux qui sont conduits par l'Esprit de Dieu sont fils de Dieu."

Mon but, à travers ce livre, a été de vous équiper et de vous préparer pour le voyage qui vous reste à faire. Le moment est maintenant venu de nous séparer un moment. Ma prière du fond du cœur est que vous ayez un voyage victorieux et réussi et que nous nous retrouvions un jour face à face dans notre héritage céleste.

Index

www.ingramcontent.com/pod-product-compliance
Lightning Source LLC
Chambersburg PA
CBHW060240050426
42448CB00009B/1533